Conoce a tus hijos

tests de 4 a 6 años

Ebee León Gross

LIBSA

A mis padres

@ 2004, Editorial LIBSA
C/ San Rafael, 4
28108 Alcobendas. Madrid
Tel. (34) 91 657 25 80
Fax (34) 91 657 25 83
e-mail: libsa@libsa.es
www.libsa.es

Textos, fichas de trabajo y fotos: Ebee León Gross
Edición: Equipo editorial LIBSA

ISBN: 84-662-1063-6
Depósito legal: CO-877-04

Impreso en España/*Printed in Spain*

Conoce a tus hijos

tests de 4 a 6 años

Contenido

Prólogo

Muchas han sido las dudas o cuestiones que me han rondado a la hora de elegir un tema al que dedicar este prólogo.

Cuando esperamos un hijo, todos tenemos muchas ideas acerca de cómo vamos a tratarlo. Siempre se piensa en lo bien que se va a llevar a cabo esta complicada tarea.

En general, todo el mundo se lo toma muy en serio, se dedica a ello plenamente, pero aún así, luego surgen problemas por todas partes, y en algunas ocasiones, nuestros planes se ven terriblemente afectados, y nada sale como esperábamos.

Aunque son de pequeño tamaño, los niños suscitan en los padres enormes emociones, se mezcla todo alegría, placer, miedo, cansancio, frustración, etc.

Hacemos tremendos esfuerzos por ellos. Muchos padres renuncian a sus necesidades para dar a sus hijos lo mejor, la mejor educación en los mejores colegios, la mejor ropa y la mejor alimentación.

Después, a pesar de todos estos esfuerzos, son muchos los adolescentes que acaban decepcionando a sus padres y llega el momento en que nos preguntamos: ¿Cómo ha podido suceder esto?

No logramos entender qué ha ocurrido, pues les hemos dado lo mejor y ellos nos han respondido con una rebeldía e inmadurez absoluta. Perdemos la confianza en nosotros mismos como padres y nos echamos la culpa de todo lo que está ocurriendo.

Pero nuestro sueño de lo que podía haber llegado a ser nuestro hijo, no se evapora tan fácilmente. Seguimos queriendo para ellos todo lo positivo que la vida ofrece, nos gustaría que existiesen fórmulas mágicas para ayudarles a alcanzar esta meta.

Pues bien, no existen fórmulas mágicas, pero hoy en día con todos los estudios que se han realizado acerca de la educación infantil, contamos con los datos suficientes como para no hacerlo mal del todo, para lograr que nuestros sueños y los de ellos se cumplan.

En realidad, una de las cuestiones más importantes es criar niños felices, niños con una autoestima elevada, niños con respeto hacia sí mismos y hacia los demás, niños que se sientan personas válidas y que se alegren de ser quienes son.

El concepto que el niño tiene de sí mismo, va a influir en todo lo que haga en la vida, los amigos que elija, los estudios que realice, la pareja, va a influir también en su creatividad, en su estabilidad y, en general, en todo su futuro.

Desde este libro, se ofrecen una serie de claves para ayudarles a crecer de la forma más sana posible, para ayudarles a tener confianza en ellos mismos y para ayudarles a luchar.

No se dan fórmulas mágicas, pero sí consejos, trucos y técnicas para proporcionarles un clima sano y adecuado.

Nunca debemos olvidar que nuestros hijos se valorarán a sí mismos según los hayamos valorado nosotros.

Nuestros hechos son fundamentales, mucho más importantes que nuestras palabras, por tanto, ahora que sabemos todo esto, vamos a cuidar aún más su entorno, pues todo lo que ocurre entre ellos y el mundo que les rodea va a ser de vital importancia.

Los aspectos afectivos y sociales

A LOS CUATRO AÑOS

El niño de cuatro años tiene un interés extremado por todas las cosas. Se pasa el día preguntando a los adultos por todo lo que hay a su alrededor, todo le llama la atención.

La pregunta «¿por qué?» para ellos es inevitable. Ante cualquier hecho o prohibición, preguntan siempre por la causa.

Hasta ahora era capaz de diferenciar objetos que no eran iguales; ahora también es capaz de darse cuenta de cuáles son las semejanzas existentes entre distintos objetos. Sus preguntas, en realidad, vienen determinadas por la cantidad de sorpresas que les da la vida, como los colores, los sonidos, los fenómenos y un sinfín de cosas para las que todavía no es capaz de encontrar respuestas.

Todas las respuestas que el adulto le proporciona, las almacena en su mente para poder posteriormente aplicarlas de forma adecuada.

A estas alturas se siente identificado con un grupo social concreto, tiene absoluta conciencia de su individualidad y tiene bastante claro el lugar que ocupa frente a las personas que le rodean, así como la posición de los otros con respecto a él.

Cuando se trata de diferenciar las circunstancias que rodean ciertos hechos, su mente aún está algo confusa.

No tiene demasiado claro ni demasiado bien definido lo que ha ocurrido en el pasado y la relación con el presente.

Es este tipo de confusión, la que le impide establecer una correcta secuenciación de los acontecimientos.

No consigue mantener la atención en algo durante mucho tiempo, juega con otros niños pero no de manera continuada, realiza las acciones como «a ráfagas».

El niño de cuatro años no tiene aún establecidos muy claramente los conceptos o nociones de tiempo y espacio.

Lo mismo le ocurre con respecto a la numeración y las cantidades: conoce la unidad, el dos, el tres, el cuatro... pero emplea de modo globalizador la palabra «muchos». Indica su edad con los dedos y en muchas ocasiones nos parece que su comprensión alcanza niveles bastante altos, pero realmente todavía le faltan por descubrir una enorme cantidad de parcelas en este sentido.

Su mente está siempre en marcha, no para de trabajar, los juicios que emite no suelen ser todavía muy profundos pero sí son ricos en imaginación.

A veces nos sorprenden con increíbles metáforas o extrañas composiciones poéticas como: «Ese tren está fumando un cigarro».

Aunque ya son capaces de analizar las cosas y los hechos aún no son capaces de ir demasiado lejos en sus apreciaciones y sus elementos de juicio; todavía son bastante limitados.

Cuando se enfada con los padres, normalmente se refugia en su habitación con sus juguetes y de esta forma supera el enfado.

En cuanto a su forma de representar a los demás mediante dibujos, suele hacer hincapié en algunas partes, las que más le interesan y suele colocar todas las partes del cuerpo en su sitio, pero a veces se olvida de ciertos detalles como la nariz o el pelo. En ocasiones coloca los botones de la ropa pero se olvida de los brazos.

En sus dibujos abundan los círculos y las líneas rectas. Y utiliza la horizontalidad y la verticalidad indistintamente.

Su capacidad de representación tiene un carácter dinámico, sus ideas se suceden ininterrumpidamente, no para de inventar, pero pasa de unos temas a otros sin tener en cuenta la continuidad.

En sus relaciones con las demás personas, se muestra, en general, como un ser absolutamente espontáneo.

A LOS CINCO AÑOS

El comportamiento nómada de los cuatro años, ahora tiende a desaparecer. El chico pone límites a su mundo y sus límites están en este momento en la casa, cerca de sus padres, para que puedan oír sus múltiples llamadas.

El niño de cinco años, a diferencia del de cuatro, antes de hablar piensa un poco lo que va a decir y también empieza a exigir respuestas a sus preguntas. El de cuatro hacía miles de preguntas, pero en realidad la respuesta le importaba mucho menos; ahora la respuesta es importante para el niño y obligatoria para los demás.

En general, a esta edad, se convierten en una gran ayuda para los padres, con los que le encanta colaborar en muchas tareas.

También a esta edad, suelen pedir permiso antes de hacer cosas de importancia y se les oye a menudo repetir las palabras: «No, porque mi madre no me deja».

Los celos hacia los hermanos pequeños, a esta edad, suelen desaparecer totalmente y se transforman en un especial cariño y un gran sentido de la protección.

Estos cambios y esta actitud de reposo le llevan a encauzar su atención hacia otras cuestiones. También le conducen hacia la autoafirmación, logrando así adquirir un importante grado de confianza en sí mismo.

De esta forma, el camino para que imponga su voluntad y sus criterios, ya está trazado, y la seguridad en sí mismo, le convierte en un ser tozudo y dogmático: tiene una única forma para resolver las cuestiones y una sola respuesta para las preguntas que se le hacen.

La tozudez constituye una de las características fundamentales de su carácter. Él nunca da su brazo a torcer y para él las discusiones son indefinidas, lo cual nos hace quedar normalmente a los adultos como perdedores frente a ellos.

Pierden los nervios y montan en cólera con bastante facilidad y con bastante frecuencia, y cuando les viene dada alguna imposición que no es de su agrado, entonces grita y llora e insulta a los padres: «malos», «feos», «tontos», etc.

Este tipo de insultos no los debemos tener en cuenta, ni darles demasiada importancia, pues al fin y al cabo son indicios propios de la edad y del temperamento.

A diferencia del niño de cuatro años, el de cinco, cuando llora y se enfada con sus padres no corre a refugiarse con sus juguetes en su habitación, sino más bien en estos momentos parecen entrarle ganas de destruirlos.

En la gran mayoría de las ocasiones sucede que los estados emocionales del niño, son el resultado de un mal enfoque de algún asunto, y es por esto, que debemos intentar ceder con ellos para que de esta forma, ellos aprendan a su vez a ceder ante nosotros, es decir, tenemos que hacerles a menudo pequeñas concesiones.

A esta edad, no suelen tener excesivos temores. Las historias de brujas, fantasmas y monstruos ya no les afectan como antes, ya no son tan reales como a los cuatro años, y aunque ellos seguirán diciendo que tienen miedo, lo harán por inercia, sin mucho convencimiento.

Algunos niños de cinco años, aunque esto sucede más bien a los seis, tienen miedo de ciertos elementos de la naturaleza como los truenos, relámpagos, oscuridad, etc. Y esto es debido a que todavía no comprenden las causas que originan estos fenómenos.

Pero el principal temor que tiene un niño de cinco años es el de verse privado de la compañía de su madre.

Tienen verdadero miedo y les preocupa profundamente que ésta salga de casa un día y no regrese más o que no acuda cuando ellos la necesiten.

Esto, constituye un problema para algunas madres, ya que no pueden faltar de casa sin que haya problemas. Sin embargo, la solución muchas veces es más fácil de lo que imaginamos, pues a veces, es suficiente con dejarles un número de teléfono donde nos puedan llamar, para que se queden tranquilos.

Durante la noche, la oscuridad, el silencio y determinados ruidos hacen que aumenten los temores del chico.

Los truenos y las sirenas, por ejemplo, son sonidos escalofriantes para ellos, por lo que exigen algunas luces encendidas y la puerta entreabierta, así como la presencia de la madre en la casa.

Casi todas las tensiones de los niños, se deben a las actividades que desarrollan justo antes de acostarse.

Algunos niños, se chupan el dedo o toman algún juguete para tratar de superar estas tensiones y poder dormir.

Son comunes también a los cinco años, las repetidas gesticulaciones manofaciales, como morderse las uñas o rascarse la nariz. Son, en realidad, formas de liberar y descargar tensiones.

Otros, para liberar sus tensiones, se muestran ruidosos y revoltosos, incluso a veces algo destructivos.

En cualquier caso, el modo en que el niño va a descargar su tensión, depende de su carácter y de su personalidad.

A los cinco años, toda su curiosidad se centra en el misterio de la concepción y el nacimiento, y por ello manifiestan una impresionante ternura hacia su hermano menor.

Constantemente hacen preguntas sobre el origen de los niños y cualquier tipo de analogía carece para ellos de significado. Las semillas, los huevos o los niños que vienen de París, son conceptos faltos de entidad, que únicamente van a contribuir a confundirlos y no les van a proporcionar mucha ayuda que digamos. Se limitarán a repetir ese tipo de explicaciones sin creer ni entender lo que están diciendo.

Resulta curioso observar cómo el niño siente mayor interés por el bebé que por sus circunstancias, mientras que la niña siente cierta preocupación por saber por dónde y cómo salen los niños de la barriga de la madre.

Todos en algún momento mantienen conversaciones con su madre acerca del comportamiento del bebé en el vientre y otros detalles. Les apasiona pensar que algún día ellos tendrán su propio bebé.

El hecho del nacimiento supone un gran impacto para ellos, se enfrentan directamente con la realidad y al final llegan a la conclusión de que ellos todavía no están preparados para ser padres y olvidan esta posibilidad.

A los cinco años, chicos y chicas suelen mostrarse bastante pudorosos y no les gusta enseñar algunas partes de su cuerpo. Algunos desean transformarse en personas del sexo opuesto, mientras que otros rechazan todo lo que se refiere al sexo opuesto.

A LOS SEIS AÑOS

Entre los cinco y seis años, el niño pone de manifiesto sus tensiones emocionales con gritos y arranques de violencia.

Cuando se producen estos ataques de cólera hay que llevarlos a su habitación y tratar de calmarlos, y una vez que haya pasado la crisis, debemos mantener una conversación con ellos para entender las causas de su enfado.

Si analizamos las causas de ese enfado empezaremos a entender mejor a nuestro hijo, a entender sus reacciones y a entrever los rasgos de su personalidad.

A veces un poco de sentido del humor, consigue que el niño se olvide de su «problema» y que el llanto se convierta en risa.

Entre los cinco y seis años, el niño quiere actuar guiado por sus propios deseos, sus deseos se imponen sobre todo lo demás, como le ocurría a los dos años, y es éste el momento de marcar en casa una buena disciplina, para que entienda que tiene que cumplir una serie de normas y que no siempre va a poder hacer lo que le venga en gana.

A esta edad también es muy típico que se muerdan las uñas o se hurguen la nariz cuando se les encomienda una tarea difícil o cuando van a dormirse.

Es muy útil e interesante para los padres conversar con sus hijos cuando éstos se acuestan, justo antes de que se duerman, sobre lo que ha sucedido a lo largo del día, pues ellos nos abrirán su mente, nos contarán sus preocupaciones y sus miedos, sus enfrentamientos en el colegio, etc., y de esta forma los podremos ayudar.

A partir de los seis años, empiezan a hacerse algo más dúctiles y son más suceptibles al cambio y a las sugerencias paternas.

También pasan de un extremo a otro con una tremenda facilidad, lo que antes les encantaba ahora lo odian, son capaces de decir que van a matar a su mejor amigo. A veces se dedican a algo sin mucho afán y con el tiempo dedican todo su ímpetu y sus esfuerzos a esa misma cosa.

Puede que tengan muy mal comportamiento en la escuela y que en casa se porten excelentemente bien o viceversa.

Por lo general, son incapaces de ejercer verdadero dominio sobre su carácter, y es por ello que son muy irregulares.

Tienen a veces días fabulosos en los que son seres muy receptivos y colaboradores, pero al día siguiente pueden estar intratables.

Hay que aprender a sobrellevar su carácter y no mostrarse demasiado exigentes con ellos. De esta manera, al final sus buenas cualidades saldrán a relucir.

Algunos a esta edad son partidarios de la violencia física y parecen enloquecer cuando realmente están furiosos: dan patadas a los muebles, rompen objetos y provocan auténtico pánico en sus padres, sobre todo en las primeras manifestaciones de este tipo.

En estos casos, una vez pasada la pataleta, suele funcionar cualquier distracción para apartar de su mente el problema que la originó, pero también será necesario aclararles que ese comportamiento es intolerable.

Los motivos para estas pataletas suelen ser insignificantes, por lo que indignan más aún a los padres, como indigna también su comportamiento y gestos de «gallito de pelea», pero atención, este comportamiento en realidad demuestra que ha avanzado notablemente en su evolución, puesto que su organismo se mueve mediante sus propios impulsos, aunque sea en forma de desafío.

En lo que respecta a las niñas, suelen tener la risa algo más fácil que los chicos y les gusta mucho destacar en algo frente a los demás, además de ser, al igual que los niños, el centro de atención en todas las reuniones.

En ambos casos, en chicos y chicas, existe una especial aversión hacia la escuela a esta edad, que tiene su origen en alguna experiencia negativa. Para solucionarlo bastará con mantener una conversación con ellos y averiguar la causa del problema para poder posteriormente solucionarlo.

A esta edad, los castigos no suelen ser muy adecuados sino todo lo contrario, ya que suelen resultar contraproducentes. La única forma de aplicarlos con cierto sentido es dejando pasar un rato después de la falta, para que recapaciten sobre el mal que han hecho y entiendan y asuman después el castigo.

Los elogios, las recompensas y los premios, por el contrario, son muy positivos y beneficiosos para ellos, pero eso sí, siempre y cuando se los merezcan.

Las emociones se están consolidando poco a poco en el alma del niño de seis años, pero aún no están controladas.

Los terrores nocturnos se acentúan a esta edad, se sobrecogen debido a su imaginación y normalmente tienden a acercarse a la madre en estos momentos de miedo.

También tienen temores más cercanos a la angustia. Temen la muerte de su madre y de su padre, temen accidentes, incendios, etc. Estas angustias si se convierten en algo frecuente deben ser tratadas mediante el diálogo por los propios padres, para que no lleguen a convertirse en un trauma.

El miedo al dolor físico también ocupa un lugar importante en el ámbito de los terrores infantiles. Temen a las caídas, a la sangre y a las inyecciones.

Pero su temor principal, sigue siendo el provocado por la oscuridad, y éste se soluciona con la compañía de otra persona.

TESTS PARA NIÑOS DE CUATRO, CINCO Y SEIS AÑOS DE RASGOS RELACIONADOS CON LOS ASPECTOS AFECTIVO-SOCIALES

¿ES TU HIJO UN NIÑO TÍMIDO?

La timidez es un rasgo de la personalidad, es una forma de ser. Es una emoción que se pone de manifiesto a través de la incapacidad de autoafirmarse por temor a algún tipo de contrariedad. En los niños y en los adolescentes, la timidez está considerada como algo normal, para nada preocupante.

1. SI VAS AL PARQUE CON TU HIJO Y ESTÁN ALLÍ JUGANDO NIÑOS QUE ÉL NO CONOCE, ¿LE CUESTA ENTABLAR CONVERSACIÓN CON ELLOS?

❑ Sí

❑ No

2. ¿CREES QUE TU HIJO SE SIENTE BASTANTE APRECIADO POR ALGUNOS DE SUS AMIGOS?

❑ Sí

❑ No

3. ¿SUELE PONERSE ROJO CUANDO OS ENCONTRÁIS REPENTINAMENTE CON ALGUIEN?

❑ Sí

❑ No

4. TE PARECE QUE CUANDO HAY UN GRAN NÚMERO DE NIÑOS REUNIDOS, A TU HIJO LE CUESTA HABLAR ANTE ELLOS.

❑ Sí

❑ No

5. CUANDO LLAMA ALGÚN FAMILIAR POR TELÉFONO, ¿SE PONE AL APARATO ALGUNA VEZ?

❑ Sí

❑ No

6. ¿Hay algunos lugares a los que se niega a ir por la gente que allí puede encontrar?

❑ Sí

❑ No

7. ¿Crees que tu chico se siente en general seguro de sí mismo?

❑ Sí

❑ No

8. ¿Te parece que le cuesta más relacionarse con niños del sexo contrario?

❑ Sí

❑ No

9. Las profesoras del Centro de Educación Infantil, ¿te suelen decir que tu hijo es abierto y amable?

❑ Sí

❑ No

10. Ante determinadas situaciones, ¿aumenta en exceso su nivel de ansiedad?

❑ Sí

❑ No

11. ¿Conserva la calma en momentos difíciles?

❑ Sí

❑ No

12. ¿Crees que le preocupa lo que los otros niños digan o piensen de él?

❑ Sí

❑ No

13. ¿Se siente como perdido en los cumpleaños y no llega a disfrutar del todo?

❑ Sí

❑ No

14. ¿Tiene miedo a hacer el ridículo?

❑ Sí

❑ No

15. ¿Es de conversación fácil y ocurrente?

❑ Sí

❑ No

16. ¿Tartamudea cuando habla ante adultos que desconoce o no conoce mucho?

❑ Sí

❑ No

17. ¿Le gusta conocer niños nuevos?

❑ Sí

❑ No

18. ¿Crees que algunas veces se esfuerza por relacionarse con los demás a pesar de que le cueste?

❑ Sí

❑ No

19. ¿Le gusta compartir sus sentimientos con los demás, expresándolos a su manera?

❑ Sí

❑ No

20. ¿Le agrada estar solo?

❑ Sí

❑ No

21. ¿Te parece que se pone nervioso cuando habla por primera vez con alguien?

❑ Sí

❑ No

22. ¿Crees que se siente a gusto normalmente con la ropa que lleva?

❑ Sí

❑ No

23. ¿Crees que le incomodan los sitios en los que hay muchos niños?

❑ Sí

❑ No

24. ¿Se siente a veces incapaz de decir algo por temor a que sea una tontería?

❑ Sí

❑ No

25. ¿Dirías que tu hijo es un niño tímido?

❑ Sí

❑ No

En general, a esta edad, la mayor parte de los temores, están relacionados con lo desconocido, y una vez que lo comprenden dejarán de huir y temer.

Valoración

Suma cuatro puntos por cada una de las contestaciones que coincida con las siguientes:

1. No	6. Sí	11. No	16. Sí	21. Sí
2. No	7. No	12. Sí	17. No	22. No
3. Sí	8. Sí	13. Sí	18. Sí	23. Sí
4. Sí	9. No	14. Sí	19. No	24. Sí
5. No	10. Sí	15. No	20. Sí	25. Sí

• *Entre cero y 30 puntos.* Si la suma da un resultado contenido entre cero y 30 puntos, el niño no es nada tímido. En el futuro será una persona contenta de sus habilidades sociales y seguramente podrá desenvolverse muy bien en todas las actividades que emprenda. Será de esas personas que disfrutan siempre con la compañía de los demás.

• *Entre 30 y 70 puntos.* Si la suma resultante da un resultado contenido entre 30 y 70 puntos, no es tímido, pero en determinadas ocasiones se muestra o se siente como tal.

• *Entre 70 y 100 puntos.* Si la suma da un resultado contenido entre 70 y 100 puntos la timidez es un rasgo de la personalidad de tu hijo. Probablemente se angustia ante determinados contactos sociales y se le debe intentar ayudar en la medida de lo posible para que no llegue a aislarse.

¿ES TU HIJO UN NIÑO CARIÑOSO?

Contesta a las preguntas que se formulan a continuación eligiendo para responder sí o no. Utiliza la opción de duda solo en caso de absoluta necesidad.

1. ¿Le molesta la presencia de los demás en determinadas situaciones?
   - ❑ Sí
   - ❑ No
   - ❑ Duda

2. Si llama un familiar al teléfono ¿suele ser afectuoso?
   - ❑ Sí
   - ❑ No
   - ❑ Duda

3. A veces, ¿le cuesta expresar sus sentimientos a los demás?
   - ❑ Sí
   - ❑ No
   - ❑ Duda

4. ¿Le irrita en ocasiones que se le hagan muchos mimos?

❑ Sí

❑ No

❑ Duda

5. Cuando otro niño se pone a llorar, ¿suele ponerse un poco triste?

❑ Sí

❑ No

❑ Duda

6. ¿Suele ponerse tierno a menudo?

❑ Sí

❑ No

❑ Duda

7. ¿Le gusta abrazar a sus familiares y a sus amigos del cole?

❑ Sí

❑ No

❑ Duda

8. ¿Se muestra a menudo seco y frío con otros niños?

❑ Sí

❑ No

❑ Duda

9. ¿Le gusta tener pequeños detalles por mínimos que sean con los demás?

❑ Sí

❑ No

❑ Duda

10. ¿Le gusta destacar las cosas buenas que se le ofrecen?

❑ Sí

❑ No

❑ Duda

11. ¿Le gusta que le acaricien el pelo cuando está relajado?

❑ Sí

❑ No

❑ Duda

12. ¿Suele dar besos a las personas que conviven con él?

❑ Sí

❑ No

❑ Duda

13. ¿Se pone normalmente triste cuando se separa de sus amigos?

❑ Sí

❑ No

❑ Duda

14. ¿Tiene otras formas de demostrar cariño además de las físicas?

❑ Sí

❑ No

❑ Duda

15. ¿Le da vergüenza expresar sus sentimientos a las personas más póximas y que quiere?

❑ Sí

❑ No

❑ Duda

16. ¿Disfruta haciendo regalos a los otros niños cuando cumplen años?

❑ Sí

❑ No

❑ Duda

17. ¿Disfruta compartiendo sus juguetes con los demás?

❑ Sí

❑ No

❑ Duda

18. ¿Intenta arreglar los problemas con un beso o un abrazo?

❑ Sí

❑ No

❑ Duda

19. ¿Crees que en general el resto de los niños son menos cariñosos?

❑ Sí

❑ No

❑ Duda

20. ¿Le parece ridículo dar besos y abrazos a sus hermanos?

❑ Sí

❑ No

❑ Duda

Valoración

Suma un punto por cada una de las siguientes respuestas que coincidan con esta tabla:

1. No	6. Sí	11. Sí	16. Sí
2. Sí	7. Sí	12. Sí	17. Sí
3. No	8. No	13. Sí	18. No
4. No	9. Sí	14. No	19. Sí
5. Sí	10. Sí	15. No	20. No

• *Superior a diez puntos.* Tu hijo es una persona muy cariñosa. En general sus relaciones van a ser gratas y va a sentir afecto por las personas que le rodean.

• *Entre cinco y diez puntos.* Es un niño que se ajusta a la media. Muy normal, ni demasiado cariñoso ni demasiado frío.

• *Inferior a cinco puntos.* El chico es bastante frío, y a la larga este comportamiento se traducirá como falta de cariño hacia las otras personas. Debemos inculcarle lo importante que es demostrar los buenos sentimientos hacia los demás y cuidar las formas.

¿ES TU HIJO UN NIÑO SOCIABLE?

1. CUANDO ACUDES CON TU HIJO A UNA FIESTA DE CUMPLEAÑOS:
   - ❑ a) Suele tener disputas con otros niños.
   - ❑ b) Lo pasa bien, habla con todos los niños y hace siempre nuevos amigos.
   - ❑ c) Se aburre. No participa en las actividades.

2. EN SU RELACIÓN CON OTROS NIÑOS:
   - ❑ a) No suele llevarse bien.
   - ❑ b) Hace buenos amigos.
   - ❑ c) En general, se aburre.

3. SI LE PROPONES IR A ALGÚN LUGAR DONDE HABRÁ MUCHOS NIÑOS:
   - ❑ a) Piensa que no lo va a pasar bien.
   - ❑ b) Le parece una buena idea.
   - ❑ c) Lo evita.

4. LO QUE MÁS LE GUSTA A TU HIJO ES:
   - ❑ a) Realizar actividades en solitario.
   - ❑ b) Compartir su tiempo con otros chicos.
   - ❑ c) Estar con dos o tres niños como máximo.

5. CUANDO SE TRATA DE CONOCER A CHICOS NUEVOS:
   - ❑ a) No le resulta difícil, pero no le gusta jugar con ellos.
   - ❑ b) Siempre le gusta.
   - ❑ c) Le da pereza al principio pero luego se alegra.

6. EN EL COLEGIO:
   - ❑ a) Según él, los otros chicos siempre le crean problemas.
   - ❑ b) Se hace amigo de todos.
   - ❑ c) Pasa totalmente desapercibido.

7. Tu hijo normalmente piensa:

- ❑ a) Que los otros niños son malos y le hacen trastadas de todo tipo.
- ❑ b) Que los otros niños son buenos y que se portan muy bien con él.
- ❑ c) Que hay algunos niños buenos, pero pocos.

8. En una conversación de tu hijo con otros chicos:

- ❑ a) No deja que hablen los otros.
- ❑ b) Escucha a los demás con atención.
- ❑ c) Generalmente, prefiere escuchar a los demás antes que dar su opinión.

Valoración

- *Predominan las respuestas de letra A.* Si predominan las respuestas de letra A, tu hijo tal vez posee un menor grado de sociabilidad del conveniente y probablemente debas ayudarle a modificar su comportamiento.

Una buena idea para aumentar su grado de sociabilidad puede ser invitar a casa a sus compañeros del Centro de Educación Infantil, o tratar de organizar actividades y juegos con vecinos y familiares de su misma edad. También puedes ayudarle en el parque a hacer nuevos amigos.

- *Predominan las respuestas de letra B.* Si son las respuestas de letra B las que predominan, tu hijo es un niño sociable, que disfruta tratando a otros chicos y con toda seguridad, los otros chicos disfrutan tratándolo a él.

- *Predominan las respuestas de letra C.* Por último, si son las respuestas de letra C, las que más se repiten, con toda seguridad debes ayudarlo a que no se aísle tanto. Aunque si un niño a esta edad se muestra como una persona solitaria, no quiere ello decir que lo vaya a seguir siendo en el futuro.

TEST DE CONTROL DE DESARROLLO DE ASPECTOS SOCIO-AFECTIVOS

ASPECTOS SOCIO-AFECTIVOS PARA NIÑOS DE CUATRO AÑOS

1. ¿Disfruta de la compañía de los otros niños en el juego?

❑ Sí

❑ No

2. ¿Pretende arrastrar a menudo a los demás a su terreno?

❑ Sí

❑ No

3. ¿En muchas ocasiones provoca algún conflicto cuando está jugando con otros niños?

❑ Sí

❑ No

4. ¿Resuelve por sí mismo los pequeños problemas que se le presentan en el día a día?

❑ Sí

❑ No

5. ¿Improvisa excusas que le sirven para acallar su conciencia?

❑ Sí

❑ No

6. ¿Suele decir mentiras para salir airoso de algunos asuntos?

❑ Sí

❑ No

7. ¿Inventa extrañas historias debido a su exceso de imaginación?

❑ Sí

❑ No

8. ¿Se muestra generalmente seguro de sí mismo?

- ❑ Sí
- ❑ No

9. ¿Es un gran discutidor?

- ❑ Sí
- ❑ No

10. ¿Se muestra a veces muy quisquilloso para sus cosas?

- ❑ Sí
- ❑ No

11. ¿Le gustan las muestras de cariño provenientes de otras personas?

- ❑ Sí
- ❑ No

12. ¿Siente aún celos de su hermano pequeño?

- ❑ Sí
- ❑ No

13. ¿Manifiesta a veces su alegría de una forma exagerada?

- ❑ Sí
- ❑ No

14. ¿Le gusta reír a carcajadas y alborotarlo todo?

- ❑ Sí
- ❑ No

15. ¿Tiene aún ciertos temores nocturnos?

- ❑ Sí
- ❑ No

16. ¿Prefiere estar acompañado antes que estar solo?

- ❑ Sí
- ❑ No

17. ¿Le gusta que los demás reconozcan sus buenas acciones?

❑ Sí

❑ No

18. ¿Tiene amigos imaginarios?

❑ Sí

❑ No

19. ¿Le gusta fanfarronear y exagerar ante sus amigos?

❑ Sí

❑ No

20. ¿Valora los pequeños detalles que se pueden tener con él?

❑ Sí

❑ No

ASPECTOS SOCIO-AFECTIVOS PARA NIÑOS DE CINCO AÑOS

1. ¿Interroga constantemente a los adultos?

❑ Sí

❑ No

2. ¿Siente un especial cariño hacia su hermano menor?

❑ Sí

❑ No

3. ¿Tiene desarrollado un enorme sentido de protección hacia su hermano menor?

❑ Sí

❑ No

4. ¿Siente cada vez mayor seguridad en sí mismo?

❑ Sí

❑ No

5. ¿Se muestra muy tozudo en su relación con los demás?

❑ Sí

❑ No

6. ¿Monta en cólera con bastante facilidad?

❑ Sí

❑ No

7. ¿Se esfuerza por mantener su posición ante los demás?

❑ Sí

❑ No

8. ¿Le gusta discutir indefinidamente?

❑ Sí

❑ No

9. ¿Insulta a sus padres cuando se enfada?

❑ Sí

❑ No

10. ¿Impone su voluntad ante todos?

❑ Sí

❑ No

11. ¿Piensa lo que va a decir antes de hablar?

❑ Sí

❑ No

12. ¿Pide permiso antes de realizar alguna acción que él considera importante?

❑ Sí

❑ No

13. ¿Siente deseos de destruir sus juguetes cuando se enfada?

❑ Sí

❑ No

14. ¿Intenta acusar a los demás de sus propias travesuras?

- ❑ Sí
- ❑ No

15. ¿Se preocupa cuando su madre se ausenta?

- ❑ Sí
- ❑ No

16. ¿Acepta gustosamente las muestras de cariño de los demás?

- ❑ Sí
- ❑ No

17. ¿Se suele mostrar colaborador con sus padres?

- ❑ Sí
- ❑ No

18. ¿Se muestra más comunicativo justo a la hora de acostarse?

- ❑ Sí
- ❑ No

19. ¿Cuenta sus secretos confidenciales a uno de los progenitores?

- ❑ Sí
- ❑ No

20. ¿Le gusta llevarse una muñeca u otro juguete a la cama para sentirse acompañado?

- ❑ Sí
- ❑ No

ASPECTOS SOCIO-AFECTIVOS PARA NIÑOS DE SEIS AÑOS

1. ¿Quiere actuar siempre según sus propios deseos?

- ❑ Sí
- ❑ No

2. ¿PASA CON FACILIDAD DE UN EXTREMO A OTRO?

❑ Sí

❑ No

3. ¿SE PORTA DE FORMA MUY DIFERENTE EN CASA QUE EN LA ESCUELA?

❑ Sí

❑ No

4. ¿PARECE NO TENER DOMINIO DE SU PROPIO COMPORTAMIENTO?

❑ Sí

❑ No

5. ¿SE MUESTRA EN ALGUNAS OCASIONES ESPECIALMENTE RECEPTIVO?

❑ Sí

❑ No

6. ¿SE MUESTRA EN ALGUNAS OCASIONES MUY COLABORADOR?

❑ Sí

❑ No

7. ¿TIENE A VECES EXPLOSIONES DE CARÁCTER POR COSAS MUY INSIGNIFICANTES?

❑ Sí

❑ No

8. ¿ES UN GRAN DISCUTIDOR?

❑ Sí

❑ No

9. ¿INTENTA SER SIEMPRE EL CENTRO DE ATENCIÓN?

❑ Sí

❑ No

10. ¿TRATA DE MONOPOLIZAR TODAS LAS CONVERSACIONES DE LOS ADULTOS?

❑ Sí

❑ No

11. ¿Se empeña en mostrar todo lo suyo a las visitas que vienen a casa?

❑ Sí

❑ No

12. ¿Le molesta que se le regañe en público?

❑ Sí

❑ No

13. ¿Suele negarse ante cualquier solicitud que se le haga?

❑ Sí

❑ No

14. ¿Es cada vez más sociable y abierto?

❑ Sí

❑ No

15. ¿Se muestra más generoso con los demás que antes?

❑ Sí

❑ No

16. ¿Disfruta de las cosas que le gustan con gran intensidad?

❑ Sí

❑ No

17. ¿Se siente muy orgulloso de sus cosas?

❑ Sí

❑ No

18. ¿Se muestra en general muy feliz y cualquier cosa le produce risa?

❑ Sí

❑ No

19. ¿Se alaba a sí mismo en ocasiones y se vanagloria de ser el mejor?

❑ Sí

❑ No

20. ¿Le brillan los ojos y siente enorme satisfacción con el contacto con determinadas personas?

❑ Sí

❑ No

Valoración

Todos los test de control de desarrollo poseen 20 ítems o preguntas. Deben contabilizarse las respuestas negativas de cada una de las preguntas en cada test.

- *Respuestas negativas entre cero y cinco.* Si ha obtenido un total de respuestas negativas entre cero y cinco puntos en alguno de los test, puedes estar muy tranquila pues tu hijo está adquiriendo un dominio de su cuerpo y del mundo que le rodea totalmente adecuado para su edad.

- *Respuestas negativas entre cinco y 15.* Si ha obtenido entre cinco y 15 respuestas negativas en el cómputo total, no debes preocuparte, pero tal vez debáis estar atentos a sus progresos y conquistas, vigilando que no se produzca ningún retraso importante.

- *Más de 15 respuestas negativas.* Si ha obtenido un total de respuestas negativas superior a 15 puntos en alguno de los tests, el desarrollo de tu hijo no está llevando el ritmo adecuado. Hay comportamientos y síntomas que exigen una consulta obligada con el pediatra.

Los aspectos psicomotrices

La psicomotricidad está relacionada con las implicaciones psicológicas del movimiento y la actividad corporal en la relación que existe entre el organismo humano y el medio en el que se desenvuelve.

La meta del desarrollo psicomotor es el control del propio cuerpo, hasta el punto de poder explotar y sacar todo el partido de él en cuanto al desarrollo de todas las posibilidades de acción y expresión.

Este desarrollo implica un componente externo, que es la acción, y un componente interno, que es la representación del propio cuerpo y sus posibilidades.

A LOS CUATRO AÑOS

Su sentido del equilibrio ha experimentado un gran desarrollo. Es capaz de correr con gran habilidad y agilidad, puede parar muy bruscamente sin caerse e ir serpenteando a la vez que corriendo.

Es también capaz de dar enormes saltos horizontales, lo cual es una novedad, pues antes era capaz de saltar alturas y ahora ya puede saltar longitudes.

Le gusta exhibirse y competir, siempre quiere llegar el primero a la meta cuando corre con los demás. Cada día intenta ser mejor, superarse a sí mismo en todos los aspectos motores, quiere correr cada vez más deprisa, quiere saltar más lejos, quiere mantener el equilibrio durante más tiempo, quiere hacer cosas más difíciles que los demás.

A medida que el niño va creciendo, sus músculos van adquiriendo una mayor consistencia, sobre todo los de las piernas.

Todo en él se individualiza, cada función corporal se mueve mediante unos impulsos independientes, aunque en conjunto, contribuyan a un movimiento global.

Muy atrás queda aquel bebé que apenas lograba mover su cabeza. Ahora, sus sistemas musculares actúan de modo diferenciado, mueve los brazos y las piernas sin necesidad de mover el tronco.

Este afán de superación, no afecta sólo a lo físico, ya que también pone sus facultades mentales en juego. Por ejemplo, se esfuerza por introducir o ensartar objetos en orificios cada vez más pequeños, siente inclinación por todos aquellos ejercicios que suponen un especial esfuerzo basado en el detalle.

Ha dejado de actuar de forma tan brusca y se ha convertido en un ser de movimientos algo más delicados y hábiles.

Toda esta minuciosidad se aprecia sobre todo en sus dibujos, en los que vemos unas líneas cada vez más claras. Los círculos los traza siguiendo el sentido de las agujas del reloj. Se ha vuelto, salvo en excepciones, totalmente diestro, y domina bastante los movimientos de su muñeca a la hora de dibujar, aunque aún le falta adquirir dominio de las líneas oblicuas.

A LOS CINCO AÑOS

Posee bastante equilibrio y algo más de control, sus posturas cada vez son menos exageradas, y ya no hace los movimientos fuera de control de los tres años.

Ahora está perfectamente orientado con relación a sí mismo. Cuando se para, sus extremidades se pueden mantener pegadas a su cuerpo, su mirada se dirige a los objetos que tiene en frente y cuando desea mirar algo que se encuentra a su lado, acompaña el movimiento de los ojos con el de la cabeza.

Tiene claro conocimiento de los puntos cardinales y se mueve en ellos perfectamente. Su motricidad está muy bien desarrollada.

Sube y baja escaleras alternando los pies y a gran velocidad.

Cambia de juego con gran facilidad, pero suele sentir gran predilección por la bicicleta y le encantan los patinetes, con los que muestra una considerable habilidad en su manejo.

En comparación con años anteriores, sus movimientos han logrado un mayor control y una menor aparatosidad.

Ahora son capaces de permanecer sentados mucho más tiempo que antes o permanecer en cualquier otra posición. De todas formas su inmovilidad dura poco tiempo.

La actividad es lo que no cesa y cada vez dedica más tiempo concentrado en un mismo juego.

Les encanta trepar y subirse a todas partes. Si se les pide que nos alcancen algún objeto que está situado en lo alto de la estantería por ejemplo, se vuelven locos de alegría.

Han aprendido, por fin, a canalizar sus movimientos para realizar una acción concreta, evitando de esta forma los esfuerzos inútiles.

Utiliza los ojos y las manos prácticamente como un adulto. Puede mirar y coger con decisión lo que sus ojos están viendo. Su relación entre visión y prensión es perfecta, sus movimientos son precisos y están perfectamente coordinados.

Sus manos cada vez están adquiriendo una mayor soltura y se muestran cada vez más diestras. El chico disfruta realizando labores que aunque son cotidianas tienen cierta complejidad, como es el hecho de atarse sin ayuda los zapatos o abrocharse los botones de su ropa.

Le encanta construir, siente una gran predilección por los bloques, con los que realiza grandes construcciones aunque de estructuras sencillas.

Su sentido de la observación ha experimentado un gran desarrollo, observa los movimientos de los adultos para luego imitarlos.

También le encanta copiar dibujos y contornos, algo muy útil, pues en realidad constituye todo un entrenamiento para la escritura.

A esta edad, tienen tendencia a esquematizar sus dibujos en siluetas lineales con escasos detalles.

Cuando realizan un dibujo, no debemos preguntar qué es, ya que podemos ofenderlos y además nos van a considerar torpes si lo hacemos. Ellos suelen estar muy orgullosos de sus producciones, por lo que será mejor que cuando realicen un dibujo, nos limitemos a felicitarlos por él.

A esta edad, el niño ya tiene muy claro cual es la mano que utiliza para comer y cual es la que va a usar siempre para escribir. Ya no se producen cambios en ese sentido, ya no se pasa ni el cubierto ni el lápiz de una mano a otra, como hacía anteriormente.

Les sigue costando mucho esfuerzo el hecho de permanecer sentados durante mucho tiempo. Se ponen nerviosos, no aguantan, no paran de moverse en la silla, tiene explosiones de vitalidad, que aunque ya no duran tanto tiempo, siguen existiendo.

A LOS SEIS AÑOS

La actividad del niño de seis años es prácticamente constante, su cuerpo no parece necesitar el reposo: trepa, corre, salta, se arrastra, etc. Cualquier lugar es bueno para trepar o arrastrarse, vale todo, un árbol, un mueble, la hierba, etc.

Se entrega a los asuntos con total dedicación, aunque puede que se canse pronto y dejará lo que está haciendo para cambiar de actividad. Aunque se canse no va a descansar, simplemente va a cambiar de actividad y la va a comenzar con el mismo ímpetu con el que comenzó la anterior.

Normalmente, los chicos de esta edad disfrutan tanto de su actividad que no soportan ser interrumpidos.

Disfrutan enormemente en un columpio, pues les produce una increíble sensación de libertad. Las pelotas son temidas por las madres, pues a esta edad, la lanzan por todas partes dentro y fuera de la casa.

Sus construcciones son cada vez más altas, sus manos cada vez son herramientas más válidas. Disfruta montando y desmontando sus juguetes y no le suelen importar los resultados, sino más bien lo que ha gozado realizando una determinada acción.

Disfruta también coloreando y pintando sus dibujos, y puede pasarse horas dibujando, cada vez improvisa más a la hora de pintar.

Sobrevalora sus capacidades y quiere hacerlo todo, se interesa por multitud de cosas, quiere tocar y ver todo lo que le rodea.

LAS AGRESIONES FÍSICAS

La agresión corporal es más preocupante que las agresiones verbales o las agresiones psicológicas, ya que alguien puede resultar herido y sus consecuencias pueden acarrear muchos problemas.

Las agresiones físicas surgen habitualmente como consecuencia de una emoción negativa muy intensa, que se convierte en un momento dado en un comportamiento hostil.

Desgraciadamente este tipo de comportamiento cada vez es más común en nuestra sociedad, y los ambientes escolares no constituyen una excepción.

Todos los niños poseen un cierto grado de agresividad, necesario para sobrevivir y para defenderse. El problema surge cuando esa agresividad no encuentra nunca el equilibrio adecuado.

La adaptación al mundo de los niños agresivos depende directamente de la educación que reciben y el medio en el que se mueven.

Si revisamos el pasado de un adulto violento, observaremos que fue un niño agresivo y a su vez es muy probable que fuera un niño sometido a algún tipo de violencia por parte de sus padres.

Es evidente que el niño a estas edades reproduce los modelos que observa en sus padres. Reproduce los modelos a los que está emocionalmente ligado.

El entorno social es en ocasiones causa de la agresividad infantil. Entornos con acceso fácil a las drogas, con ausencia de control paterno, con problemas escolares y con carencia de muchas cosas hacen que se produzca una acumulación de factores de riesgo.

Por otra parte, hay niños que corren más riesgos que otros aunque se críen en el mismo ambiente. La impulsividad, la hiperactividad, el temperamento, la emocionalidad, la frustración tienen un gran peso e influencia en la probabilidad de la aparición de las conductas agresivas en el niño.

Los principales factores de riesgo para la aparición de conductas agresivas son:

- Entornos sociales violentos.
- Una disciplina inadecuada.
- La ausencia de cariño y afecto por parte de los padres.
- Las dificultades escolares.
- La violencia paterna.
- Las familias en las que falta uno de los progenitores.
- La hiperactividad.
- Un temperamento complicado.
- El exceso de frustración.
- La falta de control por parte de los padres.

En realidad, los padres tienen en sus manos la posibilidad de prevenir las conductas agresivas de sus hijos. Se puede premiar o sancionar el comportamiento de un hijo de cara a inhibir ciertas conductas agresivas.

Cuanto más pequeño sea el niño, más fácil será controlar este tipo de conductas. La buena comunicación con los niños, las relaciones afectuosas y las reglas adecuadas de convivencia son fundamentales en la educación del niño. Para evitar la agresividad, será necesario:

- Proporcionar un buen ejemplo al niño.
- Fomentar la autoestima de los chicos.
- Procurar mantener un ambiente familiar cálido.
- Educarlos para el autocontrol.

Los niños agresivos se encuentran inmersos en una espiral o un círculo viciosos muy peligroso. Su conducta provoca el rechazo de los demás y, a su vez, este rechazo provoca más violencia.

Cuando los padres no pueden controlar la conducta agresiva deben recurrir a la ayuda de un profesional, que tratará el estrés, el control de la ira, la impulsividad, etc.

TEST DE CONTROL DE DESARROLLO DE LA MOTRICIDAD

LA MOTRICIDAD PARA NIÑOS DE CUATRO AÑOS

1. ¿CORRE CON AGILIDAD?
   - ❑ Sí
   - ❑ No

2. ¿PUEDE REALIZAR SERPENTEOS CUANDO CORRE SIN CAERSE?
   - ❑ Sí
   - ❑ No

3. ¿SE SOSTIENE SOBRE UN SOLO PIE DURANTE UN BUEN RATO SIN CAERSE?
   - ❑ Sí
   - ❑ No

4. ¿PUEDE REALIZAR GRANDES SALTOS HORIZONTALES?
   - ❑ Sí
   - ❑ No

5. ¿Le gusta realizar competiciones físicas?

- ❑ Sí
- ❑ No

6. ¿Se esfuerza cada día en correr más?

- ❑ Sí
- ❑ No

7. ¿Se esfuerza cada día en saltar más?

- ❑ Sí
- ❑ No

8. ¿Se esfuerza cada día en mantener mejor el equilibrio?

- ❑ Sí
- ❑ No

9. ¿Mueve las extremidades de forma independiente y bien diferenciada?

- ❑ Sí
- ❑ No

10. ¿Puede lanzar una pelota muy lejos?

- ❑ Sí
- ❑ No

11. ¿Le gusta ensartar o encajar piezas en agujeros muy diminutos?

- ❑ Sí
- ❑ No

12. ¿Dibuja siguiendo el sentido de las agujas del reloj?

- ❑ Sí
- ❑ No

13. ¿Dibuja cada vez con mayor minuciosidad y detalle?

- ❑ Sí
- ❑ No

14. ¿Puede subir escaleras corriendo?

- ❑ Sí
- ❑ No

15. ¿Puede bajar escaleras corriendo?

- ❑ Sí
- ❑ No

16. ¿Puede desplazarse en su triciclo a gran velocidad?

- ❑ Sí
- ❑ No

17. ¿Puede trazar una circunferencia?

- ❑ Sí
- ❑ No

18. ¿Puede caminar llevando una taza sin tirar el líquido que contiene?

- ❑ Sí
- ❑ No

19. ¿Puede recorrer una línea horizontal trazada en el suelo sin salirse?

- ❑ Sí
- ❑ No

20. ¿Domina sus movimientos?

- ❑ Sí
- ❑ No

LA MOTRICIDAD PARA NIÑOS DE CINCO AÑOS

1. ¿Ha mejorado el dominio de los movimientos de su cuerpo en relación a los cuatro años?

- ❑ Sí
- ❑ No

2. ¿Le gusta trepar por todas partes?

❑ Sí

❑ No

3. ¿Puede bailar al compás de la música?

❑ Sí

❑ No

4. ¿Puede montar en patinete sin caerse?

❑ Sí

❑ No

5. ¿Realiza movimientos faciales similares a los de los adultos?

❑ Sí

❑ No

6. ¿Posee un gran sentido del equilibrio?

❑ Sí

❑ No

7. ¿Sabe canalizar sus movimientos en acciones concretas?

❑ Sí

❑ No

8. ¿Realiza movimientos oculares similares a los de los adultos?

❑ Sí

❑ No

9. ¿Tiene gran coordinación entre visión y prensión?

❑ Sí

❑ No

10. ¿Puede atar los cordones de sus zapatos?

❑ Sí

❑ No

11. ¿Puede abrochar los botones de su ropa?

❑ Sí

❑ No

12. ¿Le gusta realizar grandes construcciones?

❑ Sí

❑ No

13. ¿Imita los movimientos de los adultos con gran fideliadad?

❑ Sí

❑ No

14. ¿Dibuja trazando el contorno de las figuras?

❑ Sí

❑ No

15. ¿Utiliza siempre la misma mano para comer?

❑ Sí

❑ No

16. ¿Utiliza siempre la misma mano al escribir?

❑ Sí

❑ No

17. ¿Monta rompecabezas de forma rápida y decidida?

❑ Sí

❑ No

18. ¿Se pone nervioso cuando le pedimos que permanezca un rato sentado?

❑ Sí

❑ No

19. ¿Está el niño bien orientado en relación a su cuerpo?

❑ Sí

❑ No

20. ¿Acompaña los movimientos de los ojos con los de la cabeza?
- ❑ Sí
- ❑ No

LA MOTRICIDAD PARA NIÑOS DE SEIS AÑOS

1. ¿Inicia las actividades con mucho ímpetu?
- ❑ Sí
- ❑ No

2. ¿Le molestan las interrupciones cuando está concentrado en una tarea física?
- ❑ Sí
- ❑ No

3. ¿Lanza su pelota contra todas partes?
- ❑ Sí
- ❑ No

4. ¿Disfruta columpiándose a gran altura?
- ❑ Sí
- ❑ No

5. ¿Realiza construcciones que sobrepasan incluso su altura?
- ❑ Sí
- ❑ No

6. ¿Le gusta jugar con herramientas y juguetes mecánicos?
- ❑ Sí
- ❑ No

7. ¿Disfruta también montando y desmontando sus juguetes?
- ❑ Sí
- ❑ No

8. ¿Le gusta palpar todo tipo de materiales?

❑ Sí

❑ No

9. ¿Puede el niño pasarse horas coloreando sus dibujos?

❑ Sí

❑ No

10. ¿Le gusta estar probando sus fuerzas constantemente?

❑ Sí

❑ No

11. ¿Necesita espacios más amplios para moverse y jugar?

❑ Sí

❑ No

12. ¿Puede trepar a gran velocidad sin caerse?

❑ Sí

❑ No

13. ¿Puede saltar a gran altura sin caerse?

❑ Sí

❑ No

14. ¿Puede arrastrarse a gran velocidad?

❑ Sí

❑ No

15. ¿Le gusta cambiar a menudo de actividad?

❑ Sí

❑ No

16. ¿Parece concentrarse menos que a los cinco años en sus actividades?

❑ Sí

❑ No

17. ¿Puede clavar un clavo con un martillo?

❑ Sí

❑ No

18. ¿Trabaja igualmente sentado que de pie, parece no importarle la postura?

❑ Sí

❑ No

19. ¿Se cansa rápidamente de las actividades físicas?

❑ Sí

❑ No

20. ¿Se distrae constantemente?

❑ Sí

❑ No

Valoración

Todos los test de control de desarrollo poseen 20 ítems o preguntas.

• *Respuestas negativas entre cero y cinco.* Si ha obtenido un total de respuestas negativas entre cero y cinco puntos en alguno de los test, puedes estar muy tranquila pues tu hijo está adquiriendo un dominio de su cuerpo y del mundo que le rodea totalmente adecuado para su edad.

• *Respuestas negativas entre cinco y 15.* Si ha obtenido un total de respuestas negativas entre 5 y 15 en el cómputo global, no debes preocuparte, pero tal vez debas estar atenta a sus progresos y conquistas, vigilando que no se produzca ningún retraso importante.

• *Más de 15 respuestas negativas.* Si ha obtenido un total de respuestas negativas superior a 15 puntos en alguno de los tests, el desarrollo de tu hijo no está llevando el ritmo adecuado. Hay comportamientos y síntomas que exigen una consulta obligada con el pediatra.

TESTS PARA NIÑOS DE SEIS AÑOS DE OTROS RASGOS RELACIONADOS CON LA MOTRICIDAD

¿ES TU HIJO UN NIÑO AGRESIVO?

1. Si un adulto le regaña:
   - ❑ a) Ni contesta, le da igual.
   - ❑ b) Se defiende rápidamente atacando.
   - ❑ c) Se enfada bastante pero no dice nada.

2. Si se le rompe uno de sus juguetes preferidos:
   - ❑ a) Insulta a todos los que están a su alrededor.
   - ❑ b) Se desespera y se pone triste.
   - ❑ c) Se queda callado.

3. Las discusiones con sus hermanos son:
   - ❑ a) Escasas, tranquilas y de poca importancia en general.
   - ❑ b) Horribles, con gritos, agresiones físicas y sin que falten bastantes insultos.
   - ❑ c) Se pasan tras ellas varias horas sin dirigirse la palabra.

4. Si entre sus amigos surge una pelea:
   - ❑ a) No se mete para nada.
   - ❑ b) Siempre que puede huye de las peleas.
   - ❑ c) Suele meterse y gritar más que ninguno.

5. Si tuviera que definir el carácter de su hijo, en líneas generales, diría que es:
   - ❑ a) Apacible y tranquilo.
   - ❑ b) Exigente y tenaz.
   - ❑ c) Educado y sociable.

6. Cuando está muy enfadado:

- ❑ a) Nunca llega a estar enfadado realmente.
- ❑ b) Se desborda, en ese momento sería capaz de hacer cualquier cosa.
- ❑ c) Mucho ruido y pocas nueces.

7. Cuando otro niño comete un error y le afecta a él de un modo directo:

- ❑ a) Lo critica bastante y le pide encarecidamente que arregle la situación.
- ❑ b) Arregla la situación él mismo.
- ❑ c) Busca la solución con el otro niño en conjunto.

Valoración

Todas las preguntas de este test van encaminadas a valorar la aparente o real agresividad del niño

• *Si predominan las respuestas A.* El chico tiende hacia brotes de agresividad que pueden ser verbales o físicos. Su agresividad se va a poner de manifiesto en determinadas situaciones, llegará a las manos o insultará de forma desatada. No controlará ni dominará su agresividad, lo que perjudicará a los demás.

• *Si predominan las respuestas B.* No es un niño agresivo, o lo es en muy poca medida. Cuando se enfada canaliza sus emociones correctamente. Nunca perjudica a los demás.

En ocasiones puede ser hasta blando o indefenso, por lo tanto hay que enseñarle a ser respetado y que nunca debe dejarse aplastar por los demás.

• *Si predominan las respuestas C.* Tiene cierta carga de agresividad que reprime o intenta reprimir, pero que a veces acaba comportándose de la forma menos esperada, por lo que suele «pagarla» con quien menos culpa tiene. No sabe canalizar sus emociones y debe aprender a hacerlo.

¿ES TU HIJO UN NIÑO REFLEXIVO?

1. ANTES DE TOMAR UNA DECISIÓN, ¿SUELE PENSAR CON DETENIMIENTO Y PROFUNDIDAD QUÉ ES LO MÁS CONVENIENTE?

❑ Sí

❑ No

2. ¿SUELE DECIR COSAS QUE REALMENTE NO PIENSA O DE LAS QUE LUEGO SE ARREPIENTE?

❑ Sí

❑ No

3. ¿CUÁNDO SE ENFADA SUELE PAGARLA CON EL PRIMERO QUE SE LE PONE POR DELANTE?

❑ Sí

❑ No

4. ¿SUELE TENER A MENUDO EXPLOSIONES DE IRA Y DE RABIA INCONTROLADA?

❑ Sí

❑ No

5. ¿MUCHOS DE LOS COMPORTAMIENTOS DEL NIÑO TERMINAN SIENDO CAUSA O MOTIVO DE MALESTAR Y ARREPENTIMIENTO?

❑ Sí

❑ No

6. ¿CUÁNDO ESTÁ ENFADADO CON UN AMIGO O UNO DE SUS HERMANOS SABE EXPONER TRANQUILAMENTE LAS CAUSAS DE SU ENFADO?

❑ Sí

❑ No

7. ¿TIENE A VECES COMPORTAMIENTOS VIOLENTOS INESPERADOS QUE SORPRENDEN A TODOS?

❑ Sí

❑ No

8. Cuándo está nervioso e inquieto y algo le preocupa, ¿es capaz de escuchar los consejos de los adultos?

❑ Sí

❑ No

9. En general, ¿definirías a tu hijo como un chico con poca paciencia?

❑ Sí

❑ No

10. ¿Te parece que cuando se enfada se suele alterar excesivamente?

❑ Sí

❑ No

11. ¿Pasa con facilidad de un estado feliz y contento a otro agresivo?

❑ Sí

❑ No

12. Cuando está jugando con sus amigos a algún juego competitivo, ¿se pone violento si no obtiene los resultados que espera?

❑ Sí

❑ No

13. Cuando tiene algún problema con otro niño, ¿lo suele solucionar a base de palos?

❑ Sí

❑ No

14. Si otros niños se ponen violentos, ¿tiende él a ponerse violento?

❑ Sí

❑ No

15. Cuándo algo le gusta mucho, ¿trata de conseguirlo por todos los medios y emplea la fuerza física si es necesario?

❑ Sí

❑ No

16. ¿Se arrepiente en algunas ocasiones de su comportamiento y se siente mal por haber actuado de forma agresiva?

- ❑ Sí
- ❑ No

17. ¿Te parece que, de forma general, se relaciona normalmente con los niños de su misma edad?

- ❑ Sí
- ❑ No

18. ¿Come o bebe excesivamente en algunas ocasiones?

- ❑ Sí
- ❑ No

19. ¿Le gusta verse a menudo envuelto en situaciones de riesgo o que entrañen peligro?

- ❑ Sí
- ❑ No

20. ¿Tiene repentinamente arrebatos de afecto hacia algunas personas sin motivos aparentes o especiales?

- ❑ Sí
- ❑ No

Valoración

Para obtener los resultados de este test, tenemos que sumar un punto por cada una de las contestaciones que sean iguales a las siguientes respuestas:

1. No	6. No	11. Sí	16. Sí
2. Sí	7. Sí	12. No	17. No
3. Sí	8. No	13. Sí	18. Sí
4. Sí	9. Sí	14. No	19. Sí
5. Sí	10. Sí	15. No	20. Sí

• *Superior a diez puntos.* Si el resultado es superior a los diez puntos, el chico es muy impulsivo y hay que enseñarle a controlar sus impulsos, pues si no es así, va a ser en el futuro una persona con problemas para relacionarse.

• *Entre cinco y diez puntos.* Si el resultado oscila entre los cinco y los diez puntos, el chico tiene toques de impulsividad y a veces puede sentirse mal por ello.

• *Menos de cinco puntos.* Si el resultado es inferior a los cinco puntos, el chico controla sus impulsos adecuadamente, lo cual va a ser muy beneficiosos para la formación de su carácter.

Los aspectos cognitivos

El desarrollo cognitivo es el conjunto de cambios que se producen en la forma de concebir el mundo por parte del niño.

En el campo cognitivo, el teórico más influyente fue el psicólogo suizo Jean Piaget, que se interesó por averiguar lo que pensaban los niños.

Piaget pensaba que el desarrollo cognoscitivo era una forma de adaptarse al ambiente. A diferencia de los animales, el niño no tiene muchas respuestas al nacer, con lo cual, tiene una mayor flexibilidad para adaptar su pensamiento y su conducta al mundo que le rodea.

Según Piaget los niños están intrínsecamente motivados para explorar y entender todas las cosas, y es por ello que participan de un modo activo para comprender el mundo.

La mente funciona utilizando el principio de adaptación, y produce estructuras que se manifiestan en una inteligencia adaptada, como resultado de incalculables adaptaciones mentales, a lo largo del proceso de aprendizaje del ser humano.

La organización de la inteligencia se convierte, por tanto, en un caso especial del proceso de adaptación.

La adaptación mental permite una adaptación progresiva. Piaget habla de la existencia de dos invariantes funcionales: la adaptación y la organización.

- La adaptación es una invariante funcional porque la inteligencia se adapta siempre de la misma forma, es decir, a través de los procesos de asimilación y acomodación. ¿Y en qué consisten estos procesos? La asimilación es el proceso mediante el cual la inteligencia incorpora los datos a la experiencia, a sus esquemas previos, y la acomodación es la transformación de esquemas previos para ajustarse a las nuevas experiencias.

- La organización es la otra invariante funcional, ya que la inteligencia está siempre organizada en los diferentes estadios o etapas de desarrollo. Piaget se interesó mucho por el desarrollo del conocimiento, y dividió los procesos cognitivos en diferentes etapas.

ETAPAS DEL DESARROLLO COGNITIVO SEGÚN JEAN PIAGET

ETAPA 1
DESDE EL NACIMIENTO HASTA EL PRIMER MES

La conducta del recién nacido se caracteriza por los reflejos innatos, como la succión, la prensión, el parpadeo, que se vuelven cada vez más eficaces y se combinan entre sí para formar esquemas primitivos como el de la succión.

El bebé está encerrado en su egocentrismo y sin conciencia de sí mismo, ni de la distinción entre él y el mundo que le rodea.

ETAPA 2
DE UNO A CUATRO MESES

El bebé comienza a definir los límites de su cuerpo mediante descubrimientos accidentales que le van resultando interesantes.

Después, va repitiendo sus movimientos con el objeto de prolongar esas experiencias, combinando. Por ejemplo, mirar con asir para formar una organización de conducta más compleja, que se denomina prensión.

ETAPA 3
DE CUATRO A OCHO MESES

El bebé aprende a adaptar los esquemas conocidos a nuevas situaciones y los utiliza para prolongar «espectáculos interesantes».

Su interés se centra menos en su cuerpo y más en el mundo que le rodea. Le interesa todo lo que hay a su alrededor.

Llegará un momento que empezará a intentar alcanzar todo aquello que puede ver, que está frente a sus ojos.

Para él, todavía lo que no está delante de él, lo que está fuera de su vista, no existe. Fuera de la vista aún significa fuera de la mente.

Usa los esquemas habituales de un modo mágico, como si considerara sus acciones capaces de causar sucesos externos sin conexión.

ETAPA 4
DE OCHO A 12 MESES

Se advierte la aparición de la conducta intencional cuando el bebé aparta obstáculos o usa la mano de sus padres para alcanzar algún objeto que desea y al que no puede llegar.

Ahora es capaz de buscar un objeto que está parcialmente oculto o que ha sido escondido en su presencia.

Aplica los esquemas familiares de maneras nuevas, haciendo combinaciones y coordinándolos para adaptarlos a situaciones distintas.

Por otra parte, su conducta anticipatoria y su imitación de sonidos y acciones revela el comienzo de la memoria y la representación.

ETAPA 5
DE 12 A 18 MESES

El niño empieza a experimentar en forma sistemática, variando sus esquemas en tentativas dirigidas.

Utiliza nuevos medios, como palos o cuerdas, para obtener los fines deseados. También descubre nuevos usos para objetos familiares.

Es capaz de seguir los desplazamientos visibles de un objeto mientras se le esconde y lo encuentra donde lo vio por última vez, pero no puede inferir los resultados de los desplazamientos invisibles. Por ejemplo, si se tira una pelota por debajo de un sofá, él no puede imaginar la trayectoria que seguirá la misma.

Reconoce dibujos o fotografías de personas y objetos familiares perfectamente. Es capaz de llevar a cabo órdenes muy sencillas que le han sido dadas verbalmente.

ETAPA 6
DE 18 A 23 MESES

Esta etapa marca la transición de la actividad sensoriomotriz a la actividad mental. El niño inventa medios nuevos a través de deducciones mentales; las tentativas por ensayo y error ya no son llevadas a cabo físicamente, sino en forma simbólica o mental.

Ahora es capaz de deducir el desplazamiento invisible de un objeto escondido y sabe que sigue existiendo aunque él no lo pueda ver.

Empieza a utilizar símbolos en el lenguaje y en el juego de simular, recuerda sucesos pasados y es capaz de imitarlos.

Demuestra propósito, intención y el comienzo del razonamiento deductivo, junto a una comprensión primitiva del espacio, el tiempo y la causalidad. Se podría decir que está alcanzando el período de la representación simbólica.

ETAPA PREOPERACIONAL
DE DOS A SEIS AÑOS

El niño opera en el nivel de la representación simbólica, como ponen claramente de manifiesto la imitación y la memoria demostradas en dibujos, sueños, lenguaje y en el juego de simular.

Aparecen los primeros intentos sobregeneralizados de conceptualización en los que los representantes de una clase no se distinguen de la clase misma (por ejemplo, todos los gatos son «el gato»).

Aunque en el mundo físico se maneja bastante de acuerdo con la realidad, el pensamiento del niño es todavía egocéntrico y se encuentra dominado por un sentimiento de omnipotencia mágica.

Supone que todos los objetos naturales están vivos y tienen sentimientos e intenciones porque él los tiene.

Piensa que todos los hechos acaecidos simultáneamente poseen una relación de causa y efecto. Por ejemplo, si su madre entra en la habitación y enciende la luz, él piensa que la luz se enciende porque su madre entra.

Está convencido de que el mundo es tal y como él lo percibe, y no es capaz de comprender puntos de vista diferentes al suyo.

ETAPA DE LAS OPERACIONES CONCRETAS
DE SEIS A 12 AÑOS

En esta etapa se afianza la función simbólica que aporta una novedad radical en la inteligencia del pequeño, pero de todo esto se hablará en el volumen siguiente de esta colección, que comprende de los 6 a los 12 años.

EL CONOCIMIENTO DE LA REALIDAD

La adquisición de conocimientos, no sólo se da por imitación, sino que el sujeto trata de conocer de forma activa el mundo que le rodea, y lo hace a través de acciones físicas e intelectuales.

El pensamiento del niño, no solamente es el resultado de su interacción con el medio, sino que también tiene una influencia del desarrollo genético.

Una buena parte de las actividades de aprendizaje que el niño de esta edad realiza se basa en el uso de la memoria, teniendo en cuenta que los mecanismos de retención y asimilación de información son, en definitiva, el medio del que se vale del niño para comprender y adquirir el conocimiento.

En definitiva, podemos constatar que el niño de tres a seis años tiene un amplio y articulado conocimiento del mundo, que resulta impresionante incluso visto desde una perspectiva adulta.

El niño ha logrado entender cuestiones tan complicadas como el espacio, el tiempo o la causa.

Todos estos conocimientos los ha adquirido a través de la rutina diaria y de su integración con objetos y personas.

Además el niño, es un elaborador de estrategias de aprendizaje para la resolución de problemas. Evidentemente aún le queda mucho por aprender, pero sus razonamientos son muy interesantes. Por todo ello, como padres nunca debemos subestimar a nuestros hijos y debemos proporcionarles medios y experiencias para que se puedan desarrollar al completo.

CRÍTICAS A LAS TEORÍAS DE PIAGET

Los trabajos de Piaget han sido puestos en tela de juicio por tratar sus teorías de etapas diferenciadas que avanzan siempre de forma ordenada y secuencial, y por las que el niño ha de pasar obligatoriamente.

Otros críticos afirman que Piaget no le concedió la suficiente importancia a la interacción social en el desarrollo cognitivo, pues según estos críticos, las personas ofrecen también a los niños oportunidades para crecer en el área cognitiva.

La personalidad

La personalidad está constituida por las diferencias individuales inherentes a cada persona, y son las características o las cualidades que cada ser posee.

En el desarrollo de la personalidad del niño, intervienen dos aspectos básicos: la maduración y la experiencia.

Los recién nacidos en general son muy parecidos. Desde su nacimiento poseen una serie de características que los hacen algo diferentes a los demás, pero en realidad su personalidad se va a ir configurando como resultado de la interacción del niño con las personas que lo cuidan.

Esta forma de madurar del niño y las experiencias que tenga a lo largo de su infancia van a influir de forma decisiva en el desarrollo de su personalidad.

Las experiencias que un niño puede tener a lo largo de su infancia pueden ser comunes, como la cultura, los valores sociales, la convivencia, etc.; o únicas, como las enfermedades, el número de hermanos, etc.

Para que un niño posea un buen desarrollo personal, es necesario que se reconozca y conozca a sí mismo, es necesario que forme su autoconcepto.

El autoconcepto es el conjunto de atributos que utilizamos para describirnos a nosotros mismos.

El autoconocimiento del niño pasa por las siguientes fases:

- Alrededor de los nueve meses de vida, comienzan a reconocerse a sí mismos.
- A partir del año, empiezan a reconocer su imagen reflejada frente a un espejo.
- Entre los 18 y los 24 meses, ya se pueden reconocer en una fotografía.
- Entre los dos y los tres años se autoclasifican en una de las dos categorías sexuales.
- A partir de los tres años rechazan las cosas que consideran propias del otro género.
- A partir de los cuatro años, se definen teniendo en cuenta los rasgos externos: «soy alto», «soy rubio»...
- A los cinco, se describen de forma muy global: «soy bueno».
- A los seis se describen arbitrariamente, basándose en hechos concretos: «soy buena, porque le di un caramelo a mi amiga».

Tener una alta autoestima y un autoconcepto que se ajuste a la realidad es la base ideal para que la personalidad se desarrolle de forma equilibrada.

Muy vinculado al desarrollo de la personalidad, se encuentra el desarrollo social. Se entiende por desarrollo social o socialización, aquel proceso interactivo mediante el cual, el niño satisface sus necesidades y asimila la cultura de la sociedad en la que vive.

A LOS CUATRO AÑOS

Aunque el niño de cuatro años ya es mucho más independiente, no ha dejado de sentirse incorporado al medio que le rodea.

Cada vez tiene más seguridad en sí mismo y cada vez se muestra más comunicativo con los adultos y con los otros niños. Le gusta dar su opinión sobre lo que se habla, y normalmente no se calla nunca su punto de vista.

Su conducta en el seno de la familia es mucho más estable. Cuando se sienta a la mesa a comer permanece mucho más tranquilo.

Ya puede resolver los pequeños problemas del día a día por sí mismo, apenas necesita la ayuda del adulto.

Ya puede vestirse y desvestirse solo, puede peinarse y está aprendiendo a atar los cordones de sus zapatos.

Todavía comete algunos errores, pero de poca importancia. En general, no es necesario estar todo el día diciéndole lo que debe y no debe hacer. Conviene dejar puertas abiertas para que tome sus propias decisiones, para que tenga iniciativa, para que arriesgue y para que madure.

A los cuatro años, el niño disfruta tanto de la vida diaria, que le cuesta enormemente irse a la cama por la noche: siempre empieza a remolonear cuando llega este momento. Una vez que se mete en la cama, normalmente no tarda en dormirse. Su sueño es bastante profundo y prolongado, por lo que conviene que siempre antes de acostarse satisfaga sus necesidades fisiológicas.

A la hora de jugar ya no disfruta de la soledad, como cuando era un bebé, sino que necesita compañeros de juego, con los que sin duda se originarán múltiples conflictos, ya que a esta edad, todos se comportan de manera absurda y tratan de llevar a los demás siempre a su terreno.

El chico de cuatro años trata siempre de defender su posición, para lo cual inventará todas las excusas que sean necesarias, improvisará y tratará de salir airoso de todas las situaciones en las que se pueda ver envuelto.

Su imaginación imparable y sus enormes deseos de superación lo convierten en un pequeño mentiroso, a lo cual no hay que darle ninguna importancia, pues su mundo está a caballo entre la fantasía y la realidad, debido a la influencia de los dibujos animados.

En términos generales, los chicos de esta edad están inmersos en una fase sosegada, pero es transitoria, una fase de experimentación y de búsqueda de nuevas experiencias.

A LOS CINCO AÑOS

A esta edad, en general, el chico está muy orgulloso de sí mismo, muy contento de ser mayor y responsable, le encanta imitar la conducta de los adultos y si tiene hermanos pequeños, disfruta siendo el mayor, siente que es «el jefe».

Al mismo tiempo, cada vez es mayor el diálogo con los padres, e inicia una relación progresiva, más abierta y más segura con los adultos que le rodean.

El chico cada vez es más serio con respecto a sí mismo y cada vez su comportamiento es menos arbitrario, cada vez es un ser humano más fácil de tratar.

A esta edad, se produce un cambio en la personalidad del niño de gran interés. Repentinamente el chico comienza a hacer planes, al principio sólo a corto plazo, sólo planes que afectan a su futuro más inmediato. Se da cuenta que según su actitud, el futuro puede serle adverso o propicio, y ya no se muestra pasivo frente a los acontecimientos, pues sabe que de él dependen algunas cosas.

En cuanto a la relación con los padres, el chico establece cierta reciprocidad ante todo lo que recibe de éstos. Él responde ayudando en lo que puede, dando afecto y agradando.

Es sorprendente por otra parte, observar la memoria que posee un niño de cinco años. Es casi prodigiosa, archiva todos los acontecimientos pasados, que le sirven posteriormente para relacionarlos con el presente y entender las cosas. Guarda las respuestas en su mente y ordena adecuadamente toda la información.

Para actuar también se basa en experiencias anteriores: sus actos son el resultado de actos anteriores.

A los cinco años, los niños sienten una especial adoración por sus madres. Intentan portarse muy bien, aunque no siempre lo consiguen, para mantener contenta a la madre. No es raro oírles decir: «mamá hoy voy a ser muy bueno»; lo malo, es que luego lo olvidan.

La figura del padre también tiene una enorme importancia. Se suelen sentir muy orgullosos de sus padres, los cuales les ofrecen sensación de seguridad y protección, y suelen ser más obedientes a las órdenes paternas que a las maternas, quizá sea por su concepto de fuerza y autoridad.

En cualquier caso, la relación del hijo con el padre y la madre no es igual: la madre recibe más cariño del niño, pero también recibe más desprecios.

En cuanto a los hermanos, tanto con los mayores como con los menores, el niño de cinco años experimenta un sentimiento especial, aunque son múltiples las disputas fraternales que en la mayoría de los casos aparecen por una cuestión de celos.

Cuando el otro hermano logra mayor atención, normalmente se origina una disputa.

A los cinco años el niño toma sus decisiones con bastante rapidez. A esa edad también es bastante conformista y muchas veces cambia sus decisiones al oír los razonamientos y explicaciones de los adultos.

Su tremendo deseo de complacer a los demás, hace que habitualmente se ponga del lado de sus padres, y no discuta con ellos, aunque existen caracteres más rígidos a los cuales resulta difícil encauzar su conducta.

A esta edad, el niño asocia lo malo con lo que molesta a los que le rodean, y que alguien diga que son «malos» es peor que una bofetada y les avergüenza enormemente.

Cuando fracasan en algunos de sus intentos, normalmente suelen echar las culpas a la persona más cercana físicamente. A veces, resulta gracioso, pues cuando están en casa y no hay otras personas, son capaces de echarle la culpa al perro, si lo hay.

A los cinco años el niño tiene muy arraigado el sentimiento de la propiedad, y aunque ya no presume constantemente de sus propiedades, como hacía a los cuatro años, no permite que nade le quite aquello que le pertenece.

A LOS SEIS AÑOS

A esta edad el niño experimenta una especie de retroceso en cuanto a su capacidad de adaptación.

Este estancamiento es sólo circunstancial. La misión nuestra como padres, es sobre todo estar al corriente de sus necesidades, con el fin de contribuir a que se adapte en esta nueva etapa de su vida, ayudándolo a convertirse en un ser capacitado para formar parte del medio que lo rodea y tomar sus propias decisiones.

Debemos en estos momentos no ser demasiado autoritarios, pues su reacción ante un exceso de autoridad suele ser normalmente tajante y contestataria.

Los castigos y amenazas tampoco funcionan, pues normalmente el niño va a emplear de nuevo el mal comportamiento en futuras actuaciones.

Son muy aficionados a esta edad a cambiar de opinión. Cuando actúan por iniciativa propia y tiene dos alternativas, suelen escoger la peor. No acostumbran a ser muy razonables y no dan su brazo a torcer.

Se proponen ser buenos, aunque luego no se esfuerzan demasiado por ello. Tienen muy claro qué es lo malo y qué es lo bueno, y cuando han hecho algo malo les horroriza la idea de que los demás no los acepten por este motivo. Su código moral es aplicado a los demás como a ellos mismos. Son muy severos con sus iguales, debido a que tienen el sentido de la culpabilidad muy desarrollado.

Suele ser muy responsable de sus actos, y cuando hace algo malo, se excusa con frases como «lo he hecho sin querer», «no me he dado cuenta»..., pero en realidad pronto va a descubrir que es mucho más cómodo echarle la culpa a otra persona, siempre y cuando se trata de «males» menores, pues si se trata de un gran daño siempre se declaran culpables.

El niño de seis años se siente muy orgulloso de sí mismo, y por esta razón le encanta que los demás lo elogien, y es por esto mismo por lo que no soporta las críticas negativas.

Le gusta ganar siempre, y es muy mal perdedor. Ante la altenativa de perder, prefiere hacer trampas, y si se trata de un juego con reglas fijas se inventa nuevas variantes para poder ganar.

En cuanto al sentido de la propiedad, se haya en estos momentos un poco desdibujado, ya que cualquier objeto pasa automáticamente a ser suyo, incluso aún cuando desconocen su origen.

Es muy típico a esta edad que se apropien de objetos que encuentran en la escuela, como tizas, gomas, lapiceros... y si se les pregunta enseguida dirán que se lo dio un compañero o que se lo encontraron en el patio del colegio.

Para ayudar al niño a superar esta tendencia de apropiarse de lo ajeno, debemos permitirles que lleven sus propios objetos a la escuela y debemos encerrar bajo llave todo aquello que realmente no queremos que encuentren y cojan.

A esta edad se aficionan también al trueque, cambian con sus compañeros objetos que según ellos les sobran o los tienen por duplicado. Es importante que estemos atentos para que no se desprendan de ningún objeto valioso.

Les gusta ahorrar y aumentar sus posesiones, su juguetes, sus pegatinas, etc. Lo que realmente les interesa es acumular objetos, aunque no tengan ninguna utilidad.

Es muy desordenado, si observamos la habitación de un niño de seis años, lo más normal es que en ella impere el desorden. A veces para dar una sorpresa o agradar a su madre ordenan todos sus juguetes, algo que suele durar muy poco rato.

Con ellos a esta edad funciona muy bien las recompensas: se les puede ofrecer algún premio por sus buenas actuaciones.

A la edad de seis años el niño desea recuperar parte de su pasado. Le divierte mucho actualizar sus recuerdos, y también le gusta realizar conjeturas sobre su futuro, aunque eso sí, su futuro más próximo, pues aunque es capaz de pensar en mañana, en la próxima semana o incluso el próximo mes, más allá de esos límites le resulta todavía inconmensurable.

Todo esto viene a demostrar que el niño de seis años domina perfectamente la noción del tiempo a corto plazo, pero en cuanto a la medición del tiempo a largo plazo aún no se desenvuelve todo lo bien que lo hará en el futuro.

Paralelamente, el concepto del espacio se ve notablemente ampliado a esta edad, pues ya no le atemorizan las distancias, y son capaces de saber donde está su casa situada, dónde está su ciudad o su pueblo, su barrio, etc.

Son capaces de ir de la escuela a su casa, si ésta se encuentra situada a poca distancia, y son también capaces de encontrar puntos clave de su barrio, como la panadería, el quiosco o el casa de su amigo.

Los dos conceptos, el del tiempo y el del espacio, están muy relacionados en su mente, pues siempre piensan en el tiempo que se tarda en recorrer una distancia determinada.

También conocen los nombres de las calles, las plazas y los atajos para llegar antes a casa, incluso los cuatro puntos cardinales.

Distinguen también perfectamente su mano derecha de su mano izquierda.

En otro orden, lo normal es que se nieguen a realizar aquello que tratamos de imponerle, estimulando así sus mecanismos de oposición. En estos casos debemos evitar los enfrentamientos directos entre madre e hijo, ya que conducen a situaciones desagradables y sin salida.

El niño de seis años no soporta ver a su madre llorar o verla enferma. En caso de enfermedad de ésta, se muestra muy comprensible y cooperador, baja la voz, le pregunta con mucha frecuencia como se encuentra, etc.

El niño de seis años es tremendamente cariñoso con su madre, lo cual demuestra constantemente, pero cuando se enfada con ella es capaz de desearle momentáneamente la muerte.

En cuanto sus relaciones con los demás, en muchos casos muestran malos modos y descaro. Basan muchas de sus reacciones en una falta de seguridad en sí mismo, necesita mucho afecto y, sobre todo, de manifestación externa. Goza mucho escuchando palabras afectuosas de sus padres. Aún le sigue gustando sentarse en las rodillas de su padre, o abrazar a su madre.

Quiere a toda costa mantener contentos a ambos progenitores.

Los celos siguen presidiendo sus relaciones con los hermanos. Si un hermano recibe un regalo, ellos exigirán lo mismo. Por eso a estas edades se recomienda que los padres adquieran los objetos por duplicado para prevenir este tipo de contingencia.

Muestran una actitud de superioridad frente a sus hermanos menores que hace que éstos se aterroricen, pues normalmente les pegan y los avergüenzan ante los demás.

Todo lo anterior nos hace ver que esta etapa de la vida del niño es de auténtica transición. No parece que sea una etapa en la que el niño se sienta realmente cómodo, pero en el transcurso de un año habrá experimentado un cambio radical con lo cual no sirve de mucho exigirle demasiado en este año difícil.

TESTS DE CONTROL DE DESARROLLO DE ALGUNOS ASPECTOS DE LA PERSONALIDAD

DESARROLLO DE LA PERSONALIDAD PARA NIÑOS DE CUATRO AÑOS

1. ¿Le gusta dar su opinión sobre todas las cosas que se hablan en casa?

- ❑ Sí
- ❑ No

2. ¿Su conducta es cada vez más estable y tranquila?

- ❑ Sí
- ❑ No

3. ¿Le gusta resolver los pequeños problemas del día a día por sí mismo?

- ❑ Sí
- ❑ No

4. ¿Le gusta hablar «por los codos»?

- ❑ Sí
- ❑ No

5. ¿Disfruta de la compañía de los demás niños a la hora de jugar?

- ❑ Sí
- ❑ No

6. ¿Sabe perfectamente lo que debe y lo que no debe hacer?

- ❑ Sí
- ❑ No

7. ¿Pretende arrastrar siempre a los demás a su terreno?

- ❑ Sí
- ❑ No

8. ¿Improvisa excusas para salir airoso siempre de las situaciones?

- ❑ Sí
- ❑ No

9. ¿Tiene una imaginación desbordante?

- ❑ Sí
- ❑ No

10. ¿Tiene cierta tendencia a los embustes?

- ❑ Sí
- ❑ No

11. ¿Inventa a menudo increíbles historias?

- ❑ Sí
- ❑ No

12. ¿Le gusta experimentar con las cosas nuevas?

- ❑ Sí
- ❑ No

13. ¿Provoca con frecuencia conflictos en los juegos?

❑ Sí

❑ No

14. ¿Se comporta a menudo de forma extraña y absurda?

❑ Sí

❑ No

15. ¿Tiene cada vez mayor seguridad en sí mismo?

❑ Sí

❑ No

16. ¿Le gusta dar órdenes a los otros niños?

❑ Sí

❑ No

17. ¿Le gusta inventarse reglas nuevas para los juegos?

❑ Sí

❑ No

18. ¿Comparte sus cosas con los demás?

❑ Sí

❑ No

19. ¿Parece estar cada vez más sosegado?

❑ Sí

❑ No

20. ¿Le gusta «andar» entre la realidad y la ficción?

❑ Sí

❑ No

DESARROLLO DE LA PERSONALIDAD PARA NIÑOS DE CINCO AÑOS

1. ¿Le gusta cada vez más dialogar con adultos?

❑ Sí

❑ No

2. ¿Hace planes de lo que va a hacer a lo largo del día?

❑ Sí

❑ No

3. ¿Le gusta agradar a los adultos?

❑ Sí

❑ No

4. ¿Tiene una sorprendente memoria en la que archiva todo tipo de datos?

❑ Sí

❑ No

5. ¿Basa sus acciones en hechos anteriores?

❑ Sí

❑ No

6. ¿Pide permiso para realizar muchas de sus acciones?

❑ Sí

❑ No

7. ¿Parece sentir una especial adoración por su madre?

❑ Sí

❑ No

8. ¿Toma la mayoría de las decisiones con gran rapidez?

❑ Sí

❑ No

9. ¿Suele culpar a los demás de sus errores?

❑ Sí

❑ No

10. ¿En general, se puede decir que tiene muy arraigado el sentimiento de la propiedad?

❑ Sí

❑ No

11. ¿Le gusta terminar todo aquello que ha empezado?

❑ Sí

❑ No

12. ¿Parece estar muy adaptado al medio que le rodea?

❑ Sí

❑ No

13. ¿Le gusta presumir constantemente de sus posesiones?

❑ Sí

❑ No

14. ¿Normalmente siente una enorme curiosidad por todas las cosas nuevas?

❑ Sí

❑ No

15. ¿Siente celos de aquellos que logran captar la atención de los demás más que él?

❑ Sí

❑ No

16. ¿Mantiene una relación cada vez más abierta con las personas que le rodean?

❑ Sí

❑ No

17. ¿Muestra cada vez mayor responsabilidad en todos los sentidos?

❑ Sí

❑ No

18. ¿Diría que se muestra más serio que en años anteriores?

❑ Sí

❑ No

19. ¿Se suele mostrar más obediente con su padre que con su madre?

❑ Sí

❑ No

20. ¿Le gusta razonar?

❑ Sí

❑ No

DESARROLLO DE LA PERSONALIDAD PARA NIÑOS DE SEIS AÑOS

1. ¿Parece estar experimentando un retroceso en su adaptación al mundo?

❑ Sí

❑ No

2. ¿Atraviesa por un período de crisis ligeras?

❑ Sí

❑ No

3. ¿Le molesta enormemente el tono autoritario de ciertos adultos?

❑ Sí

❑ No

4. ¿Suele contestar con un rotundo «no» a las imposiciones de los mayores?

❑ Sí

❑ No

5. ¿Diría que le cuesta enormemente dar su brazo a torcer?

❑ Sí

❑ No

6. ¿Se propone cada día «ser más bueno»?

❑ Sí

❑ No

7. ¿Sabe perfectamente lo que es bueno y lo que es malo?

❑ Sí

❑ No

8. ¿Se arrepiente en muchas ocasiones de su mal comportamiento?

❑ Sí

❑ No

9. ¿Suele echar la culpa de sus maldades a otras personas?

❑ Sí

❑ No

10. ¿Parece sentirse orgulloso de sí mismo?

❑ Sí

❑ No

11. ¿Suele hacer trampas en el juego?

❑ Sí

❑ No

12. ¿Tiene un enorme sentido de la propiedad?

❑ Sí

❑ No

13. ¿Le apasionan las narraciones?

❑ Sí

❑ No

14. ¿Disfruta mucho recordando acontecimientos del pasado?

❑ Sí

❑ No

15. ¿Tiene prácticamente asumida la noción del tiempo?

❑ Sí

❑ No

16. ¿Tiene prácticamente asumida la noción del espacio?

❑ Sí

❑ No

17. ¿Sitúa los cuatro puntos cardinales?

❑ Sí

❑ No

18. ¿Parece necesitar frecuentes manifestaciones de afecto por parte de los padres?

❑ Sí

❑ No

19. ¿Le gusta ser cómplice de ambos padres?

❑ Sí

❑ No

20. ¿Se muestra agresivo y descarado en algunas ocasiones?

❑ Sí

❑ No

Valoración

Todos los test de control de desarrollo poseen 20 ítems o preguntas.

• *Respuestas negativas entre cero y cinco.* Si ha obtenido un total de respuestas negativas entre cero y cinco puntos en alguno de los test, puedes estar muy tranquila pues tu hijo está adquiriendo un dominio de su cuerpo y del mundo que le rodea totalmente adecuado para su edad.

• *Respuestas negativas entre cinco y 15.* Si ha obtenido un total de respuestas negativas entre cinco y 15 puntos, no debes preocuparte, pero tal vez debas estar atenta a sus progresos y conquistas, vigilando que no se produzca ningún retraso importante.

• *Más de 15 respuestas negativas.* Si ha obtenido un total de respuestas negativas superior a 15 puntos en alguno de los tests, el de-sarrollo de tu hijo no está llevando el ritmo adecuado. Hay comportamientos y síntomas que exigen una consulta obligada con el pediatra.

En cualquier caso, la personalidad no es estática, sino todo lo contrario. Es dinámica, variable, oscilante y cambia gracias a las diversas influencias que recibe, por lo que conocer las características personales de nuestros hijos, nos ofrece la posibilidad de tratar de solucionar ciertos inconvenientes que puedan surgir en su desarrollo personal, como observar que tiene envidia de sus amigos o que no posee seguridad en sí mismo, que es vanidoso o que no tiene sentido de la responsabilidad.

A continuación se ofrece una batería de tests para niños de cinco y seis años, que nos ayudará a conocer la personalidad de nuestro hijo.

TESTS PARA NIÑOS DE CUATRO, CINCO Y SEIS AÑOS DE RASGOS RELACIONADOS CON LA PESONALIDAD

¿ES TU HIJO UN NIÑO PACIENTE?

Se suele poner nervioso cuando tiene que esperar su turno. Le angustia tener que esperar en algunos momentos. Estas afirmaciones pueden llevarnos a pensar que una persona es impaciente.

Marca con una cruz en el lugar correspondiente, según consideres verdadero o falso para describir el comportamiento que tu hijo tiene habitualmente.

1. CUANDO COMIENZA UNA ACTIVIDAD ENSEGUIDA ESTÁ DESEANDO TERMINARLA.
   - ❑ Verdadero
   - ❑ Falso

2. NO SOPORTA QUE LO INTERRUMPAN CUANDO ESTÁ REALIZANDO ALGUNA ACTIVIDAD.
   - ❑ Verdadero
   - ❑ Falso

3. CUANDO PARA ARREGLAR ALGO HAY QUE ESPERAR, NORMALMENTE RENUNCIA A ELLO.
   - ❑ Verdadero
   - ❑ Falso

4. NO SOPORTA LOS JUEGOS EN LOS QUE LA MANIPULACIÓN DURA DEMASIADO TIEMPO.
   - ❑ Verdadero
   - ❑ Falso

5. SUELE MEDIR LAS COSAS MÁS POR EL TIEMPO QUE POR EL ESPACIO.
   - ❑ Verdadero
   - ❑ Falso

6. NO SOPORTA QUE LO HAGAN ESPERAR.
   - ❑ Verdadero
   - ❑ Falso

7. SE ENFADA CUANDO TENEMOS QUE HACER COLA POR EJEMPLO EN LA PUERTA DEL CINE.
   - ❑ Verdadero
   - ❑ Falso

8. Se pone nervioso si se tarda un poco en poner la comida cuando está sentado a la mesa.

❑ Verdadero

❑ Falso

9. Pregunta a menudo cuánto tiempo falta para que suceda algo determinado.

❑ Verdadero

❑ Falso

10. Normalmente protesta y recuerda lo que podría estar haciendo en lugar de esperar.

❑ Verdadero

❑ Falso

11. Abandona una actividad si dura demasiado.

❑ Verdadero

❑ Falso

12. Ante dos posibilidades, elige siempre la opción más corta.

❑ Verdadero

❑ Falso

13. A menudo no termina aquello que empieza.

❑ Verdadero

❑ Faso

14. Normalmente quiere ser siempre el primero de la fila.

❑ Verdadero

❑ Falso

15. Se enfada mucho si alguien quiere ponerse delante de él en una cola.

❑ Verdadero

❑ Falso

Valoración

Cada respuesta verdadera tiene el valor de un punto. Suma todas las puntuaciones verdaderas y consulta los siguientes criterios.

- *Inferior a cinco puntos.* Su tendencia a la impaciencia es más bien escasa. Su tolerancia a las situaciones de espera es bastante aceptable. Este comportamiento va a serle muy beneficioso en el futuro.

- *Entre cinco y diez puntos.* Es un niño un poco impaciente aunque dispone de ciertas estrategias para controlar sus impulsos. Pero estas características le están avisando de que tal vez su educación deba poner más énfasis en este aspecto.

- *Superior a diez puntos.* Sin duda el chico es bastante impaciente. Atención a su comportamiento, pues el modo en que se está tomando la vida, normalmente conduce y genera ansiedad, irritabilidad y agresividad. Enséñele a disfrutar sin hacer nada y a saber esperar.

¿ES TU HIJO UN NIÑO ENVIDIOSO?

No mirar bien a otros niños que por alguna razón destacan más, por ser más graciosos o por ser más juguetones, es algo que le ocurre a algunos niños. Este tipo de sentimiento normalmente va acompañado además de un poco de hostilidad y resentimiento.

Para saber si nuestro hijo se siente mal ante los éxitos de otros niños o se alegra de los males de los demás, podemos contestar el siguiente test marcando con una cruz la columna que corresponda.

1. ¿Se siente mal durante mucho tiempo cuando uno de sus compañeros recibe un regalo?

❑ a) Nunca

❑ b) A veces

- ❑ c) Con frecuencia
- ❑ d) Casi siempre

2. ¿LE CUESTA COMPARTIR SUS JUGUETES CON SUS AMIGOS?
- ❑ a) Nunca
- ❑ b) A veces
- ❑ c) Con frecuencia
- ❑ d) Casi siempre

3. ¿ES REMISO A LA HORA DE ALABAR A SUS AMIGOS?
- ❑ a) Nunca
- ❑ b) A veces
- ❑ c) Con frecuencia
- ❑ d) Casi siempre

4. ¿ESTABLECE COMPARACIONES INOPORTUNAS?
- ❑ a) Nunca
- ❑ b) A veces
- ❑ c) Con frecuencia
- ❑ d) Casi siempre

5. ¿LE CUESTA MUY POCO BURLARSE DE LOS DEMÁS SIN QUE HAYA RAZÓN PARA ELLO?
- ❑ a) Nunca
- ❑ b) A veces
- ❑ c) Con frecuencia
- ❑ d) Casi siempre

6. ¿LE ALEGRA QUE LOS PROFESORES DEDIQUEN MÁS TIEMPO A OTROS NIÑOS QUE A ÉL?
- ❑ a) Nunca
- ❑ b) A veces
- ❑ c) Con frecuencia
- ❑ d) Casi siempre

7. ¿Reacciona con alegría cuando se alaba a un compañero delante de él?

❑ a) Nunca

❑ b) A veces

❑ c) Con frecuencia

❑ d) Casi siempre

8. ¿Exige para él la misma atención que reciben los demás?

❑ a) Nunca

❑ b) A veces

❑ c) Con frecuencia

❑ d) Casi siempre

9. ¿Llama la atención o le gusta hacerse notar en las reuniones?

❑ a) Nunca

❑ b) A veces

❑ c) Con frecuencia

❑ d) Casi siempre

10. ¿Reconoce las características positivas de los demás?

❑ a) Nunca

❑ b) A veces

❑ c) Con frecuencia

❑ d) Casi siempre

11. ¿Se ha sentido alguna vez ofendido por recibir menos afecto que otros niños?

❑ a) Nunca

❑ b) A veces

❑ c) Con frecuencia

❑ d) Casi siempre

12. ¿Tiene tendencia a hablar mal de otros niños que tienen éxito por alguna razón?

❑ a) Nunca

❑ b) A veces

❑ c) Con frecuencia
❑ d) Casi siempre

13. ¿MANIFIESTA CONDUCTAS MUY COMPETITIVAS?
❑ a) Nunca
❑ b) A veces
❑ c) Con frecuencia
❑ d) Casi siempre

14. ¿PROCURA QUE SUS LOGROS NO CONLLEVEN LA HUMILLACIÓN DE OTRO NIÑO?
❑ a) Nunca
❑ b) A veces
❑ c) Con frecuencia
❑ d) Casi siempre

15. ¿TRATA DE GANARSE EL AFECTO DE LOS MAYORES HACIENDO TODO LO QUE LE PIDEN?
❑ a) Nunca
❑ b) A veces
❑ c) Con frecuencia
❑ d) Casi siempre

16. ¿JUZGA LAS INTENCIONES DE LOS NIÑOS A LOS QUE ENVIDIA?
❑ a) Nunca
❑ b) A veces
❑ c) Con frecuencia
❑ d) Casi siempre

17. ¿EXPERIMENTA HOSTILIDAD CUANDO OTROS NIÑOS TIENEN MÁS SUERTE QUE ÉL EN UN JUEGO?
❑ a) Nunca
❑ b) A veces
❑ c) Con frecuencia
❑ d) Casi siempre

18. ¿Se alegra de los males que puedan tener los niños con más éxito que él?

- ❑ a) Nunca
- ❑ b) A veces
- ❑ c) Con frecuencia
- ❑ d) Casi siempre

19. ¿Se siente triste cuando todos son valorados de la misma forma y él no es especialmente destacado?

- ❑ a) Nunca
- ❑ b) A veces
- ❑ c) Con frecuencia
- ❑ d) Casi siempre

20. ¿Tiene la impresión de que los demás no se dan cuenta de lo que él vale?

- ❑ a) Nunca
- ❑ b) A veces
- ❑ c) Con frecuencia
- ❑ d) Casi siempre

Valoración

Da una puntuación a cada una de las respuestas seleccionadas según estos valores:

- Todas las preguntas menos la 6, 7, 10, 14 y 16:
  - A = 0 puntos.
  - B = 1 punto.
  - C = 2 puntos.
  - D = 3 puntos.
- Para las preguntas 6, 7, 10, 14 y 16:
  - A = 3 puntos.
  - B = 2 puntos.
  - C = 1 punto.
  - D = 0 puntos.

Suma las puntuaciones y comprueba el resultado obtenido, consultando los criterios que a continuación se indican:

• *Menos de diez puntos.* Definitivamente, tu hijo no es nada envidioso. Se alegra de los bienes de los demás niños y eso lo llena de felicidad y le proporciona muchos amigos.

• *Entre diez y 20 puntos.* Es un niño muy normal, puede sentir cierta envidia en algunos casos, pero será envidia sana, nada perjudicial.

• *Entre 20 y 40 puntos.* Tiene cierta tendencia a la envidia, lo que a la larga le puede traer disgustos. Hay que ayudarle y enseñarle que no tiene que compararse con nadie.

• *Más de 45 puntos.* Su comportamiento es claramente envidioso. Le puede traer, no ya complicaciones, sino graves problemas. Para que no lo pase mal en lo sucesivo, hay que trabajar ese comportamiento para eliminarlo. Debemos alabar continuamente los éxitos y triunfos de otros delante de él y explicarle que él tiene que hacer lo mismo.

En cualquier caso, este tipo de conducta tiende a desaparecer con la edad.

¿ES TU HIJO RESPONSABLE?

1. Si un adulto le encomienda una tarea determinada:
   - ❑ a) Piensa detenidamente si puede o no hacerla, y si la hace, normalmente reflexiona antes para hacerla.
   - ❑ b) No le da demasiadas vueltas y trata de realizarla lo antes posible.
   - ❑ c) Lo hace sin pensarlo, a pesar de que en ocasiones anteriores ya hizo mal algo parecido.

2. Cuando algo no le sale bien del todo:
   - ❑ a) Tiende a echarse las culpas y no se siente nada bien.

❑ b) Reflexiona sobre lo que ha ocurrido y trata de entender por qué ha pasado, si tuvo la culpa él u otra persona, o si ocurrió por mala suerte.

❑ c) Siempre acaba pensando que fue culpa de los demás o que pasó por mala suerte.

3. Cuando tiene que realizar una actividad que implica cierta responsabilidad:

❑ a) Lo pasa mal, se angustia y sufre pensando en las dificultades que pueden surgir y en su incapacidad para poder llevarla a cabo.

❑ b) No se preocupa demasiado y lo hace teniendo mucho cuidado de que todo salga bien.

❑ c) Lo hace y punto. Cree que al final todo sale bien.

4. Si le proponemos realizar alguna actividad «de mayores», más difícil y de más responsabilidad:

❑ a) No le alegra en absoluto, ya que enseguida empieza a ver los inconvenientes y a pensar en que no podrá realizarla.

❑ b) Se alegra y acepta el reto, y se esfuerza por llevar a cabo la actividad lo mejor posible.

❑ c) Se pone tan contento que no se concentra para nada en la actividad en cuestión.

5. Cuando tiene un límite de tiempo para realizar alguna cosa:

❑ a) Lo pasa mal, cree que no le va a dar tiempo a terminar, sufre y no disfruta de lo que está haciendo.

❑ b) Se organiza lo mejor posible con objeto de terminar a tiempo y normalmente lo consigue.

❑ c) Piensa que lo puede hacer sin problemas, pero después siempre surgen despistes o imprevistos.

Valoración

• *Mayoría de respuestas A.* El niño tiene desarrollado enormemente el sentido de la responsabilidad, tanto que puede incluso llegar a sufrir ansiedad. También es posible que pueda tener poca confianza en sí mismo.

El exceso de responsabilidad no es bueno, ya que en muchas ocasiones impide a las personas que realicen actividades que podrían realizar sin ningún problema.

- *Mayoría de respuestas B.* El niño tiene un sentido adecuado y correcto de la responsabilidad, lo cual le va a ayudar mucho en su vida futura.

- *Mayoría de respuestas C.* Tiene poco sentido de la responsabilidad, tal vez haya que incitarlo a tomarse las cosas un poco más en serio, pero sobre todo hay que vigilar esta conducta, pues aunque todavía no es tan importante, en el futuro sí lo va a ser.

DESARROLLO DE LA CONDUCTA

Uno de los momentos más importantes en la evolución de nuestros hijos, es el de ser consciente de su propia existencia, a darse cuenta de cuáles son las relaciones de cada persona con el resto. A la vez descubre las interelaciones entre las personas, y de éstas con su alrededor.

Este paso se produce a partir de los seis años, por eso lo traremos en un próximo volumen. Hasta esta edad, nuestro hijo no experimenta la interrelación, sólo percibe las relaciones de cada persona consigo mismo.

Por esta razón, hasta que en nuestro hijo se despierta esta conciencia, es muy normal que confunda la ficción, los sueños o los deseos con la realidades. Todos estos límites son borrosos, y en la mayoría de las ocasiones se confunden.

Al confundir deseo con realidad, o sueños con ficción, es normal que nuestro hijo mienta inconscientemente, ya que simplemente dice lo que sueña, piensa o imagina, sin ser consciente de ello ni de hasta qué punto tiene relación con la realidad.

En algunas ocasiones, la atención que despierta en los padres, hace que el niño también invente historias. Además, en algunas ocasiones, inventar historias, también es una forma de responder a situaciones críticas o embarazosas para nuestro hijo.

Los padres debemos ser tolerantes con esas conductas, reeducando poco a poco con el paso del tiempo y de forma progresiva. Debemos saber, que debido a esta falta de distinguir realidad de ficción, nuestro hijo puede mentir, o inventar respuestas, algo que no debe asustar a los padres, porque realmente no se puede considerar una mentira, ya que aún no sabe discernir entre realidad y ficción. Si miente es de una manera incosciente.

Otro aspecto importante son las frustaciones que puede sufrir un niño a esta edad. Nuestro hijo no es caprichoso, somos los padres los que nos encargamos de convertir a nuestro hijo en caprichoso, por lo tanto las frustaciones no se deben considerar alteraciones de la conducta de los niños.

Como padres, muchas veces nos cuesta soportar los pataleos, lloros o gritos de nuestro hijo cuando nos pide algo. Si siempre consentimos los caprichos injustificados de los niños, éstos aprenden con suma rapidez, cuál es el mejor y más rápido método para conseguir lo que quiere. Por eso debemos, en la medida de lo posible, intentar justificar sus caprichos.

Nuestros hijos deben aprender a controlar sus frustaciones, y hacerles ver que no pueden conseguir todos los caprichos que quieran. Ésta es la mejor manera de evitar frustraciones.

Nuestro hijo también comenzará a aprender a tratar con otras personas y controlar sus emociones. En este aspecto, es muy importante la sociabilidad de nuestro hijo. Este concepto está estrechamente relacionado con las relaciones de agresividad, altruismo o la simpatía. Todas estas conductas dependerán del estado de ánimo.

En el caso de las conductas agresivas están estrechamente relacionadas con la frustración, aunque también pueden intervenir otros factores ambientales, sociales o culturales.

En el desarrollo de la conducta influye de forma decisiva los premios y castigos, así como la observación de los comportamientos.

En algunas ocasiones el castigo puede resultar contraproducente, y originar una conducta que buscábamos eliminar.

Uno de los factores más importantes a la hora de crear comportamientos en nuestros hijos, es la imitación que los niños realizan de otros comportamientos. Normalmente, el niño tiende a imitar personalidades dominantes.

Además los niños reciben fuertes influencias uno de otros, dependiendo de sus particulars conductas. Por ejemplo, se ayudan en situaciones de riesgo y refuerzan su conducta cuando comparten juegos.

Según las edades, se observan distintos tipos de juegos que predominan entre los niños de una misma edad, y que intervienen en el comportamiento, interrelacionándose.

La socialización

Uno de los principales objetivos del ser humano es conseguir integrarse en el mundo social, y para ello, lucha desde el nacimiento.

El niño desde el nacimiento está biológicamente motivado para insertarse en su grupo social. En realidad, al nacer, ya forma parte de un grupo, pues sus necesidades están íntimamente ligadas a las demás personas.

Además, los grupos sociales también necesitan de los niños para su supervivencia y poder así transmitirles la cultura acumulada a lo largo del tiempo.

El proceso de socialización es la interacción que se produce entre el ser humano y el entorno. El resultado de esta interacción depende de las características personales del niño y de las características personales de sus cuidadores.

Por socialización podemos entender todos aquellos procesos que participan en el desarrollo de determinadas capacidades y habilidades que ayudan a los niños a incorporarse e integrarse en la sociedad de una manera activa y participativa. Aprender a interactuar es uno de los aspectos más importantes del desarrollo en la niñez.

LOS PROCESOS

Los procesos de socialización son fundamentalmente tres:

- Procesos mentales de socialización apoyados en la adquisición de conocimientos.
- Procesos conductuales de socialización que convergen en la conformación social de la conducta.
- Procesos afectivos de socialización basados en la formación de vínculos.

Entre los tres y los seis años, estos procesos se establecen tanto dentro del hogar, con aquellas personas que conviven a diario con él, fundamentalmente padres y hermanos, como fuera del él, cuando juega con otros niños en el parque o cuando conoce a otros adultos fuera del ámbito familiar. Pero es cuando empieza a asistir a la escuela cuando su mundo social se expande en mayor grado.

Por ello podemos hablar de la escuela como el primer entorno social propio e independiente de la familia. Esto implica nuevas experiencias y la posibilidad de establecer interacciones con gente nueva que aportarán un estímulo continuo para el desarrollo cognitivo.

Desde muy pronto, los niños reconocen las primeras diferencias entre el «yo» y los «otros», a través del propio reconocimiento y discriminación que hacen entre las diferentes personas que pasan por delante de sus ojos.

Aprenden que son distintos a los demás por su interacción con su entorno más inmediato y su interacción con los adultos. La identidad sexual y de género juegan un importante papel de socialización.

Es decir, el conocimiento que tiene una niña de ser mujer y el conocimiento que tiene un niño de ser varón, y la idea de que el sexo depende del tipo de genitales que uno tenga, comprendiendo además que el sexo no puede cambiarse. El niño de tres años usa el conocimiento de la identidad sexual y de género para definir ya con claridad sus preferencias y valoraciones.

Ahora podremos escuchar frases como: «Eso es de niñas» o «los niños son más brutos». Muestra de que a estas alturas ya conoce las funciones y características que, para bien o para mal, la sociedad asigna como propias de un niño o de una niña, entendiendo el rol sexual asignado a cada uno. Dicho de otra forma, conoce la conducta apropiada para cada sexo.

Es en la escuela donde en mayor grado niños y niñas tienden a jugar observando las reglas de conducta estereotipada según el sexo.

Las figuras de apego existentes en el ambiente social en el que se desarrolla la vida del niño, son representadas por las personas que le cuidan, fundamentalmente la madre y el padre. Ambos desempeñan un papel decisivo para la asimilación de valores, normas y conductas, que conducen hacia su socialización.

Sin embargo, a media que adquiere mayor confianza básica en sí mismo y en el mundo que le rodea, deja de preocuparle tanto la presencia de la figura del cuidador. Se da cuenta que hay otras cosas interesantes en el mundo y empieza, no sin cierta cautela, a aventurarse en medios que le eran desconocidos hasta entonces.

La etapa comprendida entre tres y seis años se caracteriza por una mayor iniciativa. Incluso se pone metas, emprende proyectos y hace planes. Aquí es importante que los padres estemos atentos y que él sienta que le apoyamos en todas estas iniciativas.

Debemos cuidar de que no aparezcan sobre él sentimientos de culpabilidad producidos después de hacerle una crítica o al reprenderle por hacer algo que a nuestro juicio está mal. El resentimiento y la culpa no son buenos amigos en esta fase.

Los niños están aprendiendo constantemente y el apego y la amistad son sus vínculos afectivos básicos. Su inclinación hacia alguien o hacia algo es un vínculo afectivo que va a establecer con las personas que interactúan de forma privilegiada con él, estando caracterizado este vínculo por determinadas conductas, representaciones mentales y sentimientos.

Su repertorio puede ser muy amplio. Desde lloros, conversaciones, razonamientos, gestos, contactos, movimientos corporales, etc., no sólo lo que dice o hace sino también lo que deja de decir o hacer. El empleo de unos u otros sólo dependerá de factores como la situación de cada momento, la historia anterior, el estado endógeno o simplemente el nivel de desarrollo del niño.

El desarrollo de las capacidades intelectuales a esta edad, tanto lingüísticas como mentales, facilitan la comunicación y el entendimiento con los demás. Apoyándose en ellas conseguirá que esa interacción sea más simétrica y más cargada de significados sociales.

Esa inclinación hacia determinadas personas con las que vive y se socializa, supone también la construcción de un modelo mental acerca de esa relación. Este modelo que elabora se basa en el concepto que tiene de esa persona y de sí mismo, e incluso de las expectativas que él mismo tiene sobre cómo va a ser esa relación.

Es obvio que por ello es necesario que intentemos transmitir una visión positiva de las personas que se relacionan con él. Los sentimientos también desempeñan aquí un papel fundamental, ya que si el niño se siente bien con esas figuras de apego, existirán en esa relación sentimientos adecuados de seguridad, bienestar y placer cuando está en contacto con ellas, o de ansiedad cuando está alejado o separado de ellos.

Casi de la misma forma, nuestros hijos influyen sobre nuestras propias conductas y el modo en que nos relacionamos con ellos. Es decir, no adoptamos la misma actitud con todos nuestros hijos.

Por ejemplo, si estamos ante un niño impulsivo con quien es difícil razonar es más probable que tendamos hacia un estilo más autoritario en nuestra relación con él, que si por el contrario se trata de alguien responsable y reflexivo.

Pero cuidado, utilizar la tolerancia como sistema, las imposiciones de las cosas sin ninguna explicación o razonamiento diciendo aquello de «porque sí» o «porque lo digo yo», tienen indudables consecuencias negativas.

Por ello, debemos de intentar siempre desarrollar una relación activa basada en una comunicación que razone e interprete imposiciones de forma que el control sobre las actividades de nuestro hijo se adecue correctamente a sus propias capacidades de comprensión.

Desde el punto de vista del número de figuras de apego, es muy conveniente que los niños tengan varias donde elegir, como la madre, el padre, los abuelos o incluso alguno de sus hermanos mayores. Es bueno procurar que exista esta variedad.

Esta recomendación se fundamenta en que, aunque ellos mismos ya establecen ciertas jerarquías de preferencia entre ellas, su existencia va a facilitar y fomentar una serie de capacidades como:

- El desarrollo del aprendizaje a través de la observación y la identificación.
- La estimulación más rica y variada que pueda aportar lógicamente un abanico más amplio de personas.
- En caso de accidente, enfermedad o abandono, los niños tendrán una garantía de no quedarse solos.

Ni qué decir tiene que los conflictos, las incoherencias educativas, diciendo cada uno cosas diferentes sobre lo mismo, las separaciones y los divorcios entre las figuras de apego del niño, son causas de grandes sufrimientos para él. Las relaciones armónicas y ricas afectivamente siempre van a aportar sentimientos de seguridad y bienestar en nuestros hijos.

El que tenga conductas socialmente deseables y a la vez que sea realmente feliz no son dos cosas incompatibles. De todas formas, es necesario también determinar ciertas normas de disciplina, sin que lleguen a ahogarle. La transmisión de estas normas básicas debe basarse más en la explicación de su valor, buscando más el entendimiento del niño que su imposición o la amenaza en caso de su incumplimiento.

LA ESTIMULACIÓN

Una de nuestras funciones, como en los años anteriores, debe de ir encaminada a estimular a nuestro hijo lo más posible en todas las facetas de su vida.

La estimulación tiene que estar caracterizada por los siguientes factores:

LA CANTIDAD

A través de una abundante estimulación táctil, visual y auditiva, que puede estar apoyada con la escucha de una canción, la visita al zoológico o al circo o la salida a ver una película al cine.

LA CALIDAD

Tratando siempre de que esa estimulación cumpla unos mínimos de espontaneidad y carácter lúdico.

LA EXCLUSIVIDAD

Entendida como la necesidad que tiene el niño de sentir que sus propias figuras de apego le pertenecen y que sólo las tiene que compartir como mucho con sus hermanos.

LA INCONDICIONALIDAD

Es importante que logremos transmitirle que le aceptamos y queremos independientemente de sus cualidades y comportamientos concretos.

LA PERMANENCIA EN EL TIEMPO

Es crucial que el niño no perciba ningún límite temporal en esta relación, que debe permanecer en el tiempo.

Son las figuras de apego las que tienen que adaptarse a los ritmos del niño y no buscar siempre lo contrario, o nuestra propia comodidad. Aunque las figuras de apego nos separemos alguna vez de él en breves espacios de tiempo, es importante que sienta que estamos cercanos y que somos fácilmente accesibles y disponibles.

La escuela cumple una función socializante fundamental de integración. Este objetivo abarca una doble dimensión. Por un lado, la necesidad del niño de la presencia física de los demás y del conocimiento del propio medio en el que convive con el resto de personas. Y por otro lado, la necesidad de asimilación de valores que le vayan a permitir participar de manera activa y responsable en el medio.

Establece procesos que ayudan a desarrollar capacidades y habilidades socializadoras en los niños fuera del hogar. Por ello, es fundamental que los diferentes organismos y sistemas educativos colaboren en su formación buscando las siguientes características:

- La autonomía.
- La reflexión.
- El diálogo.

De esta forma estaremos educando personas capacitadas para participar en la resolución de los problemas y conflictos que les puedan surgir a lo largo de su propia vida. Es decir, estaremos criándolos para que puedan ser en un futuro independientes.

Se trata de que se pueda identificar como un miembro más de la comunidad educativa. Además no debemos olvidar el facilitarle en todo momento la posibilidad de participar activamente en esa comunidad, inculcándole ya los primeros sentimientos de responsabilidad como paso previo a su participación como adulto en la sociedad.

Por otro lado, la independencia que manifiesta ya un niño a estas edades no indica que no se sienta incorporado al medio ambiente que le rodea. De hecho, nos va a decir en todo momento lo que piensa, no mordiéndose la lengua ni guardándose opiniones. Por lo general prefiere jugar en grupo, divirtiéndole mucho menos hacerlo en solitario.

Los niños al ir creciendo empiezan a comprender mejor el sentido de la amistad. Sus compañeros en la escuela dejan de ser simplemente alguien con quien se juega y a lo seis años entienden ya que los amigos pueden llegar a hacer cosas por uno.

Éste es otro punto importante en ese recorrido de interacción y socialización en los menores. Justo al final de esta etapa, a punto de cumplir los siete años, comenzará a saber hacer amigos, actividad que necesitará desarrollar de manera más profunda cuando se convierta en adulto.

Como ya hemos visto y a modo de resumen, tenemos que considerar que toda esta conducta social y vínculos afectivos a los que estamos haciendo referencia, no se pueden producir sin la adquisición de conocimientos sociales. Éstos pueden estar asociados al conocimiento de las personas por una parte, y al conocimiento de la sociedad por otra.

Los principales conocimientos asociados a las personas son:

- El reconocimiento, la identidad y los roles.
- La diferenciación entre personas conocidas y extraños.
- Los pensamientos, los sentimientos, las intenciones y los puntos de vista de los demás.
- Las relaciones que se establecen entre las personas, como la amistad, las relaciones familiares u otras.

Y los principales conocimientos vinculados a la sociedad son:

- El conocimiento de las instituciones. En primer lugar la familia, pero también la escuela, las empresas en la que trabajan sus padres, etc.
- El conocimiento sobre los valores y normas por las que se rige la convivencia entre los seres humanos.
- Los conceptos sociales como el país o la comunidad autónoma en la que vive, la pobreza y la riqueza, la inmigración, etc.

El lenguaje

La capacidad lingüística es uno de los aspectos más importantes dentro del crecimiento y aprendizaje entre los niños con edades comprendidas entre tres y seis años.

Académicamente, el significado de lenguaje ya da la clave para entender uno de los fenómenos más importantes para la integración social del niño. La definición académica de lenguaje es la de «sistema de signos que sirve para expresar ideas y sentimientos». Esto nos puede dar una idea de la importancia que tiene en la vida de nuestro hijo este apartado.

La adquisición del lenguaje, implica producir y usar significantes y significados, que se ajusten a unas reglas de comunicación estándares establecidas.

El lenguaje también mide la conducta, y es una herramienta cultural para la comunicación entre comunidades e individuos en nuestro entorno. Aprender a usar el lenguaje, regulará las interacciones de nuestro hijo con el resto de la sociedad.

Este aprendizaje se realiza a medida que el niño descubre los significados del mundo que le rodea.

La relación entre significado y significante, es decir, aprender a expresar el pensamiento a través del lenguaje, se consigue gracias a la relación con el entorno.

LA ADQUISICIÓN DEL LENGUAJE

Durante los dos primeros años de vida del niño, la comunicación está constituida apenas por tímidos balbuceos, llegando luego a conseguir articular las primeras palabras y a combinarlas.

Será entre los dos y tres años cuando nuestro hijo empiece a realizar los primeros esfuerzos por mejorar de una manera clara su comprensibilidad. Conseguirá ampliar de una forma espectacular su grupo fonético, llegando a realizar todo tipo de sonidos, e irá ampliando su léxico de manera progresiva.

Por primera vez, escucharemos a nuestro hijo articular frases simples, y en el momento en que comienza a interrelacionarse con otros niños de su edad, su léxico crecerá enormemente.

La asimilación de nuevas palabras se realiza progresivamente, y el dominio de todos los sonidos ya se hace evidente.

Su vocabulario aumenta, y sus significados se enriquecen. Cada vez consigue articular frases más completas, y comienza a dar sus primeros pasos en el apasionante mundo de la escritura.

A LOS CUATRO AÑOS

En estos años se produce un importante dilema para dominar la relación espacio-tiempo, de forma que el niño encuentra dificultades para adoptar el punto de vista de otra persona. Aún no utilizan los adjetivos posesivos (mío, tuyo...).

Además se comienza la relación del niño con muchos nuevos interlocutores, y eso hace que se esfuerce cada vez más por ser entendido por los demás.

Aún puede presentar errores en la pronunciación de algunas de las consonantes.

Aunque aún no es fácil escuchar a los niños de esta edad construir frases con sujeto, verbo y objeto en el orden correcto, sí que podemos sorprendernos al escuchar las primeras frases con más de un elemento.

Algo que también realizan por primera vez es la construcción de frases interrogativas muy simples, que sólo se caracterizan por una entonación particular.

A LOS CINCO Y SEIS AÑOS

La escuela es la gran prueba del nivel de aprendizaje de la comunicación del niño. Imitando comportamientos, la destreza en el uso de las palabras, así como la utilización de un vocabulario cada vez más amplio, es ya una realidad, y el significado de las palabras se va enriqueciendo paulatinamente.

Uno de los mayores progresos, es la identificación de los pronombres personales con la distinción de género.

En cuanto al uso de los tiempos verbales, mejora significativamente su uso, aunque aún se producen errores en el uso de los condicionales o subjuntivos.

Las frases se complican, e incluso empiezan con el uso de oraciones subordinadas. El final de esta etapa, supone el comienzo de todo un nuevo mundo de conocimiento: la lectura, hábito que hay que empezar a cultivar.

Será a partir de este momento cuando se abre todo un mundo cultural y de conocimiento, que introducirá al niño en una nueva dimensión de acceso cultural.

LOS FACTORES QUE INFLUYEN EN EL LENGUAJE

El entorno social es la principal fuente de información del niño. A través de los padres, hermanos, profesores o compañeros del colegio, nuestros hijos captarán los usos del lenguaje que se realizan a su alrededor.

Por lo tanto, los modos de vida, las costumbres y el uso del lenguaje serán fundamentales y decisivos para el enriquecimiento de su lenguaje.

Esta característica se empieza a hacer palpable a partir de los tres años aproximadamente, ya que antes de esta edad, y sobre todo en el habla maternal, se da un uso del lenguaje bastante simple y de carácter repetitivo.

En todas las partes del mundo, los niños identifican el sonido «guau-guau» por perro, o el «pi-pi» por el pájaro.

El habla del niño en la primeras fases de comunicación comparte características muy semejantes, y será cuando los padres dejen de utilizar esas identificaciones comunes, cuando nuestros hijos comiencen a utilizar formas de comunicación más avanzadas, y empezarán a estar fuertemente influenciadas por su entorno.

En este momento las diferencias sociales y culturales serán el elemento diferenciador, así como el acceso a las fuentes de cultura.

LAS PRIMERAS FRASES

Tras un tiempo de acumulación de palabras sueltas, sin un significado demasiado coherente, es en el período de tres a seis años cuando nuestro hijo comenzará a emitir sus primeras frases.

Por primera vez comenzará a dominar algunos significados y a interpretarlos aunque todavía de forma muy primitiva.

Notaremos cómo se lanzan a interpretar algunas cancioncillas de letras inventadas, sin un sentido muy claro. Además en su afán por comunicarse y practicar el habla, realizan preguntas en las que la respuesta importa relativamente poco.

Están descubriendo el mundo de la comunicación y agradecen mucho que les recitemos poesías o cuentos infantiles. Notaremos que se apasionan con las ilustraciones de los libros.

También están muy atentos para captar expresiones o nuevas palabras de las personas de su alrededor.

Cuando empiezan a ser conscientes del papel de las palabras en su entorno más habitual, es común que con cuatro o cinco años, utilicen palabrotas sacadas de contexto, apodos y algunas burlas con la gente que está a su alrededor para llamar la atención y sentirse escuchados.

En muchas ocasiones mezclan realidad con ficción, y continúan preguntado por todo. La mayoría de las veces son preguntas que no buscan una respuesta. Son más bien, formas de entablar conversaciones y captar la atención del oyente.

Con el tiempo, esas repetitivas preguntas se hacen más interesantes, e intentan descubrir información de su alrededor.

En este proceso, resulta interesante mantener conversaciones con ellos, para percibir los progresos mentales que van realizando. De esta manera también pueden percibir los distintos tonos, y le servirá para perfeccionar su lenguaje.

EL DESARROLLO LINGÜÍSTICO

A partir de los seis años nuestros hijos comienzan a ser capaces de usar formas gramaticales más complejas.

Este desarrollo en las formas lingüísticas viene marcado por un aprendizaje intuitivo que comienza con la atención al habla de su alrededor, fijándose en los sonidos, la acentuación y sobre todo reteniendo y calificando la información recibida.

Esta información que recibe de su entorno será agrupada para formar categorías de palabras y de significados, para definir sus características fonéticas y morfológicas.

El niño comienza de esta manera a entender la importancia del orden de las palabras en su discurso.

Tras este método de aprendizaje, y mediante un método de revisión, nuestro hijo reorganizará los contenidos semánticos, y sus correspondientes significados.

LOS ERRORES MÁS FRECUENTES EN EL LENGUAJE

A partir de tres años, notaremos que nuestro hijo comienza a identificar los objetos que tiene a su alcance y a nombrarlos. Es corriente que cambie los fonemas, suprima algunas letras de las palabras o invierta sílabas. Estos errores son bastante comunes y suelen darse entre los tres y cuatro años.

Debemos ser conscientes de que la pronunciación es una cualidad difícil de conseguir y que requiere práctica, por lo que nuestro hijo cometerá muchos errores.

Uno de los defectos más comunes es la eliminación de los fonemas más difíciles de pronunciar, como por ejemplo «ten» en lugar de «tren», «como» en lugar de «cromo» o «mano» en lugar de «hermano».

Otro de los pequeños trastornos es el cambio de un fonema por otro más sencillo de pronunciar, como por ejemplo «papiz» en lugar de «lápiz», «moma» en lugar de «goma» o «popa» en lugar de «ropa».

También se da con bastante frecuencia, el cambio de fonemas dentro de las palabras, como «becliceta» en lugar de «bicicleta», «cemisata» por «camiseta o «papalera» por «papelera»

Por último, se puede observar repeticiones de algunas sílabas, en determinadas palabras como «muñeñeca» por «muñeca», «amimi» por «amigo» o «ventatana» por «ventana».

En algunas ocasiones estos errores persisten en el niño, y pueden causar problemas de adaptación en los primeros días escolares. Si se mantienen más allá de los cuatro años, será necesario acudir a los correspondientes educadores y profesionales de la materia. En estos casos el niño necesitará educación ortofónica.

Una costumbre muy común es que los padres reímos las gracias de nuestros hijos cuando pronuncian mal, por resultar divertido. En ocasiones repetimos, esas palabras mal pronunciadas. Es una costumbre poco recomendable, ya que de esta manera no estamos ayudando a que aprenda, y encima estamos reforzando ese defecto. Por lo tanto ayudaremos para que la pronunciación mejore, enseñándole a vocalizar correctamente.

OTROS TRASTORNOS RELACIONADOS CON LAS APTITUDES DEL NIÑO

Junto con los trastornos relacionados con el lenguaje, también podemos encontrarnos con algunos problemas relacionados con sus capacidades intelectuales. Entre estas perturbaciones cabe destacar la discalculia, la dislalia, el tartamudeo y la dixlesia.

La discalculia es un trastorno que afecta al cálculo básico. Se aprecia sobre todo en los primeros meses de escolaridad, o cuando realizamos con nuestro hijo operaciones relacionadas con el cálculo, operaciones de sumar y restar, los términos numéricos o cuando estamos contando. Uno de los síntomas más importantes es la dificultad para asimilar los símbolos numéricos.

Las causas de este trastorno pueden ser una lesión cerebral o psíquica, por problemas afectivos en el seno de la familia. La reeducación de un niño con problemas de discalculia, debe ser tratada por un especialista.

En cuanto a la dislalia, se trata de una alteración del lenguaje. Es un problema de articulación de determinadas palabras, y de algunos fonemas en concreto. Un niño con este problema puede cambiar unos fonemas por otros y omitir o deformar determinados sonidos.

Si su hijo sufre esta alteración, seguramente el problema irá acompañado de un bajo rendimiento escolar. Es necesaria la intervención de un profesional que estudie el caso para buscar las posibles soluciones.

Otro de los trastornos más importantes que se manifiesta entre los niños de tres a seis años, es el tartamudeo. Se suele manifestar como desencadenante de carencias afectivas, shocks infantiles o problemas relacionados con alteraciones familiares, hechos que pueden impactar mucho a nuestros hijos pueden ser causantes de este trastorno: pérdidas familiares, llegada de nuevos hermanos, carencia de afecto en la relación con los padres, etc. Con el correcto tratamiento por parte de un especialista se puede solucionar.

El último de los trastornos que trataremos en este punto es la dixlesia. Se trata de la dificultad relacionada con la escritura y la lectura. Cuando el niño empieza a leer es el momento en el que se detecta, por eso estas edades son fundamentales para percibir este problema. Se manifiesta por confundir letras o palabras, cambiar las estructuras de las palabras, sustituir sílabas o letras o invertir las sílabas. A partir de los tres años, cuando nuestro hijo comienza sus primeros pasos en la lectura, es el momento de detectar este problema. El pedagogo es la persona que nos ayudará a corregir este trastorno.

Otra de las alteraciones que podemos detectar en nuesto hijo, es la referente a su conducta, que puede producir una inadaptación. Este problema se empieza a manifestar a partir de los seis o siete años, pero es importante conocer sus particularidades, ya que en esta etapa se está formando la personalidad de nuestro hijo.

Las causas que puede generar un problema de inadaptación son los conflictos en el desarrollo emocial del niño, que viene producido por la falta de adaptación del mismo. Es al final de la etapa que tratamos en este volumen, cuando nuestro hijo comienza a sentirse consciente de su realidad en relación a las personas de su entorno.

Por eso, los síntomas que pueden detectar una inadaptación son la inseguridad, la infelicidad o las dificultades para las relaciones sociales. Esto puede producir timidez, sensación de culpabilidad, temor o, incluso, la agresividad, que se manifesta en las conductas de niños excesivamente revoltosos.

La forma de tratar estos trastornos es con un psicólogo especializado en este tipo de problemas. También es recomendable transmitir desde la familia la sensación de seguridad, y la sensación de sentirse querido.

ESQUEMA DE TRASTORNOS APTITUDINALES DEL NIÑO

ALTERACIÓN	CAUSAS	SÍNTOMAS	EFECTOS	TRATAMIENTO
DISLALIA	Deficiencias en la percepción.	Eliminación, sustitución o repetición de fonemas.	Pronuncia palabras de forma incorrecta.	Logopeda.
DISCALCULIA	Lesión cerebral o psíquica. Problemas afectivos en la familia.	Perturbación de la aptitud para el cálculo elemental.	Dificultad para los cálculos numéricos y para identificar los números.	A través de un especialista.
DISLEXIA	Trastornos de orientación y percepción.	Confundir letras o palabras.	Retraso escolar y problemas de aprendizaje.	Pedagogo.
TARTAMUDEZ	Hechos impacientes a nivel afectivo.	Repetición involuntaria de sílabas o incapacidad para articular palabras.	Dificultad para expresarse.	Educadores, entorno familiar y especialistas.
INADAPTACIÓN (Alteración de la conducta)	Conflicto desarrollo social y emocional y/o falta de aceptación de sí mismo.	Inseguridad, dificultad para las relaciones sociales.	Timidez, culpabilidad, temor y agresividad.	Psicólogo.

EL BILINGÜISMO

Podemos encontrarnos con países en todo el mundo, donde sus habitantes practican más de un idioma, ya sea por razones culturales o por la historia de su población. Normalmente los países que históricamente han tenido la presencia de culturas de fuerte arraigo pueden presentar varios idiomas.

Por esta razón más de la mitad de la población del mundo es bilingüe. Por ejemplo, en importantes zonas del continente africano, y en muchos países europeos y americanos el bilingüismo es uno de los factores culturales más importantes.

En países como Estados Unidos conviven, por ejemplo, el español y el inglés, aunque muchas veces también, esta variedad depende del nivel cultural y económico de sus hablantes.

El bilingüismo es también una fuente de identidad social e incluso es símbolo de nivel social.

Los estudios han demostrado que el estudio de dos idiomas en los primeros años escolares es recomendable y además beneficioso para el desarrollo intelectual del niño.

FASES EN EL APRENDIZAJE DE DOS IDIOMAS EN NIÑOS DE CUATRO A SEIS AÑOS

Un niño que comience el aprendizaje de una segunda lengua pasa, durante el proceso, por tres fases:

FASE I

En un primer momento, después de cumplir los tres años, el niño comenzará con el aprendizaje de las primeras palabras en ambos idiomas.

En este período nuestro hijo no distingUirá un significado distinto para cada una de las palabras, por lo tanto utilizará la misma expresión para referirse a lo que quiere decir. Por ejemplo, es corriente que utilice expresiones como «boy niño» para referirse a un compañero de juegos.

FASE II

Con el paso de los meses, el niño irá adquiriendo las primeras reglas gramaticales que utilizará de la misma manera para ambas lenguas. Estas reglas se irán aplicando en sus expresiones, y utilizará palabras indistintamente en ambos idiomas para referirse a un mismo significado.

FASE III

En la última fase del aprendizaje bilingüe, cada idioma adquirirá sus propias reglas, además irá adquiriendo el vocabulario propio de cada lengua, e irá asociando expresiones concretas para cada momento. La diferenciación entre ambas reglas gramaticales es casi total.

Un niño bilingüe puede desarrollar vínculos de lenguaje y persona, es decir, hablar una lengua con una determinada persona y la otra lengua con otras personas ditintas. Además asimila de forma muy sencilla la traducción, convirtiendo este hecho en algo muy corriente.

ESQUEMA DE APRENDIZAJE DE DOS IDIOMAS

FASE I 4 AÑOS	Aprendizaje de las palabras en ambos idiomas.	No distinguen dos palabras con el mismo significado.	Combinan en la misma expresión el mismo significado.	Mesa *table*.
FASE II 5 AÑOS	Adquisición de las reglas gramaticales.	No distinguen dos palabras con el mismo significado.	Combinan en la misma expresión el mismo significado.	*You,* para señalar a alguien indistintamente.
FASE III 6 AÑOS	Cada idioma adquiere sus propias reglas.	Adquisición de un vocabulario propio.	Cada expresión se asocia al contexto.	*I have.* Yo tengo.

La familia

No cabe duda de que la familia constituye un papel fundamental en el desarrollo del niño, ya que contribuirá a proporcionarle experiencias básicas para sus primeros aprendizajes.

La familia es un contexto de socialización especialmente relevante para el niño, debido a que durante muchos años va a ser el único y el principal contexto en el que crece, actuando además como filtro o llave que selecciona la apertura del niño hacia otros contextos más ajenos a la propia familia como puede ser el colegio.

Las principales funciones de la familia son:

- Asegurar la supervivencia de los hijos, su crecimiento y su relación con el mundo social.

- Aportar a los hijos un clima de cariño, afecto y apoyo para que de esta forma el desarrollo psicológico de los niños sea lo más sano posible.
- Aportar a los hijos la estimulación necesaria para que puedan relacionarse con su entorno físico y social.
- Asegurar la apertura hacia otros contextos educativos, como la escuela, que comparten con la familia la tarea de educar al niño.

Indudablemente existen muchos tipos de familia con diferentes estilos educativos, entre los que podemos distinguir cuatro dimensiones básicas que caracterizan la forma de educar de los padres:

1. GRADO DE CONTROL

Hay diversas estrategias:

- La afirmación de poder, que supone usar amenazas, castigos, supresión de privilegios y otros procedimientos.
- La retirada del afecto, consiguiendo a través del enfado de los padres la desaprobación de conductas negativas del niño.
- La inducción, tratándose de ofrecer razones al niño para no comportarse mal.

2. COMUNICACIÓN PADRE-HIJO

Los padres con buenos niveles de comunicación razonan con sus hijos, dan explicaciones, piden opiniones a los niños y los escuchan. Mientras que los padres con escasos niveles de comunicación acceden ante los llantos del niño o utilizan la técnica de distracción.

3. EXIGENCIAS DE MADUREZ

Los niveles adecuados de exigencia de madurez consisten en animar a los hijos a sacar el mayor partido de sí mismos y a desarrollar al máximo sus posibilidades.

Mientras que los niveles inadecuados suponen por el contrario subestimar al niño y pensar que no se le debe exigir tanto.

4. AFECTO EN LA RELACIÓN

Los altos niveles son los que tienen los padres que demuestran interés, afecto y orgullo por sus hijos y sus logros. Los bajos niveles corresponden a las conductas opuestas.

Sin embargo, la familia no tiene un poder absoluto y definitivo sobre los niños, es decir, los padres por mucho que quieran no pueden hacer los hijos a su manera, como ellos desean, ya que existen algunas características ya definidas en el niño cuando nace. Y además, la familia convive bajo ciertos factores que la condicionan, como la situación económica, política y social de los padres.

Por otro lado, los padres deben ser conscientes en todo momento de que no existen fórmulas mágicas a la hora de educar a los niños. Lo realmente importante es saber aplicar con flexibilidad ciertas técnicas y estrategias educativas para adaptarlas a las determinadas situaciones.

Existen algunas características de la educación que se deben evitar en lo posible como:

- La disciplina incoherente.
- La disciplina colérica y explosiva.
- La disciplina rígida e inflexible.
- La baja implicación y supervisión.

LA COMUNICACIÓN EN EL SENO DE LA FAMILIA

La comunicación es un arte que se aprende y, como cualquier otro aprendizaje, necesita de una práctica. También cuando nos comunicamos con nuestros hijos debemos tener en cuenta que no hay una sola estrategia para desarrollar esa comunicación, sino muchas. Y esto es así porque no todas las personas somos iguales.

No obstante, sí podemos establecer unas estrategias generales para intentar mejorar la relación con nuestros hijos:

1. Mostrándoles no sólo sus defectos por sistema, sino también sus virtudes. Es importante cuidar su autoestima y no herir su sensibilidad.
2. Exigiendo sólo en lo esencial. Es verdad que no debemos tampoco de abdicar de nuestra condición de padres.
3. Tiene que quedarles siempre claro que de lo que hablamos es de acciones y no del cariño que sentimos por ellos. Este sentimiento siempre será el mismo independientemente de lo que hagan.
4. No olvidar que cada uno de nosotros es una persona diferente. Ello conlleva que tengamos también cada uno nuestras propias necesidades y el derecho a satisfacerlas.
5. No debemos de ser irónicos porque a estas edades no lo comprenden. Si queremos relacionarnos bien con ellos debemos primeramente establecer esa comunicación a través de un lenguaje sencillo y comprensible, para luego poder tener acceso a otros niveles más elevados.
6. Hablarles siempre en positivo. De esta forma será más fácil que confíen en la relación que estamos intentando construir.
7. Nunca humillarles y no hacerles reproches delante de terceras personas.
8. Hay que enseñarles a no reprimir sus sentimientos. Deben hablar de lo que sienten sin tapujos.
9. Intentar mostrarles lo que esperamos de ellos, pero sin recurrir al uso del poder o de autoritarismos.
10. Tenemos que escuchar y argumentar, no sermonear.
11. Ofrecer verdaderos encuentros con ellos.
12. No interrumpirles cuando hablan. Además las incoherencias y las imposiciones no llevan a una comunicación apropiada.
13. Ellos esperan el mismo respeto que tú pretendes.

14. Dejar vías de escape en los conflictos. No hay un ganador y un perdedor.
15. Las soluciones a los conflictos convienen que sean aceptables para ambos. Tanto las necesidades de uno como de otro deben de ser satisfechas.
16. Hay que respetar el derecho a que nuestros hijos tengan sus propias ideas y a desarrollar sus propios valores, aunque éstos sean diferentes de los nuestros.
17. Hay que respetar siempre su intimidad. Igual que quisiéramos que nos respetasen la nuestra.

A los tres y cuatro años nuestro hijo ya sabe hablar perfectamente y trata continuamente de socializarse. Tiende mucho a la imitación de lo que ve y lo que oye permanentemente. A los cinco y seis años entramos en un período en el que el niño quiere que le respeten ya su personalidad.

Empieza a ir a la escuela y a conocer amigos con los que hablar y comunicarse. En casa hay una mayor identificación comunicativa con el padre de diferente sexo al suyo. Algunos psicólogos llaman a estas identificaciones «complejo de Edipo», que es la inclinación del niño hacia la madre, y «complejo de Electra» a la inclinación de la niña hacia el padre.

La incomunicación empieza cuando los mismos padres se encargan de que los hijos no se metan en las conversaciones de los mayores. Esto sucede así porque cuando evitamos que los niños participen en conversaciones de adultos esta situación comienza a desintegrarlos de su conocimiento del mundo y de la posibilidad de que ellos puedan comunicar su pensamiento y su estado de ánimo a los demás.

¿ME COMUNICO BIEN CON MI HIJO?

Este test no tiene respuestas acertadas ni respuestas equivocadas, está pensado simplemente para invitar a los padres a realizar una reflexión sobre la comunicación familiar.

1. ¿Piensas que todos los hijos tienen las mismas necesidades y problemas de comunicación?

❑ Sí

❑ No

2. ¿Nos podemos comunicar con las mismas premisas de la misma forma con un adulto que con un niño?

❑ Sí

❑ No

3. ¿Es suficiente que estés informado sobre todo lo que hacen tus hijos aunque muchas veces no puedas comunicarte directamente con ellos?

❑ Sí

❑ No

4. ¿Crees que la edad de tu hijo es un factor que influye en vuestra comunicación?

❑ Sí

❑ No

5. ¿Y su carácter?

❑ Sí

❑ No

6. ¿Piensas que es importante y que influye el que haya comunicación entre los padres para que haya también una buena comunicación con los hijos?

❑ Sí

❑ No

7. ¿Trato de convencer a mi hijo con mis argumentos sin dar importancia a lo que él está intentado decirme?

❑ Sí

❑ No

8. ¿Durante los primeros años intenté comunicarme mucho con mi hijo porque creo que es vital para nuestra comunicación posterior?

❑ Sí

❑ No

9. Cuando surge un conflicto, ¿termino el problema imponiéndome?

❑ Sí

❑ No

10. ¿Piensas que el género influye en la facilidad para comunicarse?

❑ Sí

❑ No

11. ¿He pedido ayuda alguna vez a un educador o a un psicólogo ante un problema de comunicación con mi hijo?

❑ Sí

❑ No

12. Cuando discuto con mi hijo, ¿trato de demostrarle finalmente que le quiero?

❑ Sí

❑ No

13. Una buena relación de comunicación es aquella en la que nunca se discute y siempre estamos de acuerdo en todo.

❑ Sí

❑ No

14. Siempre que me lo propongo me comunico perfectamente con mi hijo.

❑ Sí

❑ No

15. ¿La motivación desempeña un papel importante en la comunicación?

❑ Sí

❑ No

16. No me importa seguir al día siguiente una conversación que me crea problemas.

❑ Sí

❑ No

17. ¿Piensas que como te comunicaste bien con tu primer hijo sucederá lo mismo con el segundo?

❑ Sí

❑ No

18. ¿Hablas con tus hijos?

❑ Sí

❑ No

19. La actitud en la conversación ¿es la adecuada para la comunicación?

❑ Sí

❑ No

La nutrición

La alimentación es uno de los procesos básicos en el desarrollo de todos los seres vivos. Por esa razón, los padres debemos ser conscientes de la importancia que para nuestro hijo tiene una correcta nutrición, desde las edades más tempranas, en el desarrollo de su crecimiento y en general en toda su vida.

La dietética se encarga del estudio de la correcta administración y proporción de la ingestión de alimentos de una persona.

En muchas ocasiones, y debido al creciente interés que en la sociedad despiertan los aspectos alimenticios, se confunden conceptos como alimentación y nutrición. Pongamos un ejemplo: nuestro hijo puede consumir una determinada proporción de alimentos adecuada y no estar recibiendo la correcta nutrición por nuestra parte.

Por esta razón, es importante que nos mentalicemos de la relevancia que para el futuro de nuestro hijo tendrá una nutrición sana.

Procesos como la digestión, la absorción y el transporte de alimentos, su almacenamiento, el metabolismo y la eliminación de las sustancias que forman los alimentos, son procesos que intervienen en el tratamiento de éstos para obtener los componentes nutricionales necesarios.

El interés que en nuestra sociedad despierta tanto la dietética como la nutrición, ha sido fruto del exceso de alimentación y por tanto, del control que se hace de su estudio.

Debemos ser conscientes de que estos elementos son determinantes en la prevención de enfermedades.

A LOS CUATRO Y CINCO AÑOS

Según van creciendo nuestros hijos, nos damos cuenta que su apetito va aumentando considerablemente.

Y esa tendencia, que ya era algo palpable a la edad de cuatro años, queda definitivamente establecida a los cinco años. Pero ese apetito no es igual en todas las comidas del día.

Normalmente el desayuno es el más flojo, aumentando en el almuerzo y la cena. Además, ese apetito es mayor a la capacidad que tiene el niño a estas edades de ingerir alimentos.

De hecho, nos pedirá ayuda en ocasiones a pesar de que ya le gusta comer sólo desde hace tiempo. Y ello sólo para poder imprimir una mayor rapidez al acto de comer y terminar con todos los alimentos que haya sobre el plato. Su objetivo aquí es acabar cuanto antes.

Los padres debemos conocer asimismo el tipo de cocina que prefieren nuestros hijos a estas alturas.

Y el niño a los cinco años de edad prefiere la cocina lo más sencilla posible, sin demasiadas manipulaciones a base de salsas, guisos, diversos condimentos u otras consideraciones.

Unas simples patatas, carne o pescado, verduras y hortalizas como la zanahoria (la mayoría de las veces las demandará crudas), la leche y sus derivados o la fruta son de su agrado ahora. También nos reclamará sopas y caldos principalmente, por la rapidez de ingestión y el ahorro de masticación que llevan consigo.

Como ya sabemos, los niños imitan todo lo que ven. Y ese mimetismo también influye directamente en los hábitos de comida.

Por eso, tenemos que guardar especial atención a lo que decimos cuando nos sentamos a la mesa con él.

Los platos que rechazamos o las características que atribuimos a determinados alimentos serán la próxima vez la razón para que nuestro hijo quiera probar algún determinado plato por curiosidad o no quiera hacerlo.

En determinadas circunstancias nos encontraremos que nuestro hijo abre el abanico de alimentos, comiendo casi de cualquier tipo, excepto aquellos por los que siempre ha demostrado clara aversión.

Esto sucederá casi con toda probabilidad cuando en la mesa se sienten personas ajenas a su ámbito familiar más cercano, si vamos a comer fuera a un restaurante, ante la presencia de un camarero o simplemente cuando decidimos pasar con nuestro hijo un estupendo día de campo.

Pero siempre tenemos que tener algo en cuenta, cualquier cambio en su comida será cualitativo, es decir, en cuanto al tipo de alimentos, pero nunca será cuantitativo.

Aunque lo más normal es que un niño de cinco años coma completamente solo, es cierto que muchos niños necesitan que les ayudemos, sobre todo al final de la comida cuando el cansancio y la monotonía hacen ya su aparición y ellos siguen delante del plato de comida o cuando el alimento es de difícil ingestión.

Como padres podemos ya estar seguros de que nuestro hijo ya no necesita que le indiquemos constantemente cómo se usan los cubiertos.

A los cinco años el niño sabe usar perfectamente la cuchara, maneja con cierta destreza el tenedor, aunque los alimentos pequeños como unos guisantes seguirán siendo un problema para él.

Sin embargo no sabe todavía emplear correctamente el cuchillo, el cual emplea de una manera elemental como por ejemplo para untar una tostada.

Cortar la carne no está aún dentro de sus objetivos alcanzados, por lo que tenemos que ayudarle en esta actividad.

Sólo cuando nuestro hijo sea completamente independiente a la hora de comer podremos hablar de guardar una cierta actitud en la mesa. Es decir, mientras no coma completamente solo no podremos hablar de buenos y malos modales en la mesa.

Nuestro hijo ya ha abandonado costumbres como levantarse de la silla sin haber terminado de comer o pedir que alguien le acompañe al cuarto de baño, cosas que hacía hace tan sólo un año.

Con cinco años, el niño que realiza todas sus comidas en compañía de toda la familia suele mostrarse por lo general nervioso e inquieto, y le gusta mucho intentar monopolizar la conversación que se desarrolla en la mesa.

Lo más aconsejable es que se vaya acostumbrando a las comidas familiares de forma paulatina. Primero, puede sentase a la mesa sólo a comer el postre, que normalmente es el plato que menos problemas suele plantear.

De todas formas, no hay que olvidar que el niño de cinco años tiene cierta tendencia por complacer a los demás, por lo que intentará ir mejorando su comportamiento generalizado en la mesa.

Normalmente un niño de cinco años suele defecar una vez al día, después del almuerzo. A esta edad ya no interrumpe sus comidas para hacer sus necesidades como lo hacía a los tres y cuatro años, sino que espera a terminar en la misma.

A veces, al final de una comida, el niño se queja de un fuerte dolor debajo del abdomen. En realidad este dolor es un retortijón, es decir, la necesidad de ir al cuarto de baño.

También suele ser común en los niños de esta edad que estén varios días sin evacuar. Esta circunstancia es más frecuente entre las niñas. Para evitar este problema debemos sugerirles que se sienten en el inodoro el tiempo que sea necesario hasta que les vengan las ganas, aunque también es verdad que si el estreñimiento es más acusado de la cuenta conviene ofrecerles un zumo de ciruela o de naranja por las mañanas que les ayude en esta actividad.

A los cinco años, el niño deja de tener al corriente a la familia acerca de sus movimientos intestinales, y además, no necesitan ayuda a la hora de limpiarse.

A esta edad los chicos ya han adquirido el sentido de la responsabilidad necesario en lo que se refiere a sus necesidades físicas. Por ejemplo, van al baño antes de realizar un viaje o antes de acostarse por las noches. Si sienten la necesidad de hacer pis en mitad de la noche suelen resolver esta circunstancia por sí mismos. Aunque también es verdad que hay algunos niños que llaman a sus padres y otros que a pesar de ir solos, lo cuentan al terminar a alguno de sus padres.

A LOS SEIS AÑOS

No se ha visto disminuido el apetito que mostraba el niño a los cinco años, sino que más bien podemos decir que ha aumentando e incluso en algunos casos puede hasta llegar a llamar nuestra atención.

A esta edad muchos niños se pasan todo el día comiendo. Algunos piden hasta un bocadillo antes de irse a la cama o se despiertan durante la noche reclamando algo que echarse a la boca.

De todas formas, lo más habitual es que pidan cantidades mayores de lo que realmente pueden comer. Por esto, conviene ponerles una cantidad de alimento normal en el plato y que luego pidan repetir en caso de que quieran más comida.

Cualquier cambio en la rutina diaria puede producirles un notorio aumento de apetito. Aunque suele ser circunstancial y pasajero.

Los gustos en materia de comida son muy variados dependiendo del niño, aunque las comidas sencillas, al igual que a los cinco años, siguen siendo las preferidas.

A veces sienten aversión por un plato determinado y esto suele ser así porque en alguna ocasión lo tomaron de la forma inadecuada. Por ejemplo, que estuviera quemado, con exceso de grasa, muy duro, demasiado seco, etc.

Ya no es tan aficionado a los postres como lo era en años anteriores. Las verduras le gustan más crudas que cocidas y normalmente aborrece los alimentos filamentosos o en mazacote, que le resultan muy pesados.

EN LA MESA

A los seis años ya no le resulta nada atractivo ni divertido comer en la mesa. Con toda seguridad preferirían comer en cualquier otro lugar de la casa.

Cuando se sientan a comer, no paran de mover el cuerpo, los brazos, las piernas, tiran del mantel, tocan la comida con las manos y, en muchas ocasiones, vuelcan los vasos que hay sobre la mesa.

Es lógico y comprensible que los padres perdamos en muchas ocasiones la paciencia. Lo más conveniente es que nos mentalicemos de que en esta etapa, el niño atraviesa por un momento de acusada motricidad y necesita moverse prácticamente a todas horas del día.

Si a esto unimos su tendencia a no parar de hablar y a llenarse la boca con más alimento de la cuenta, podemos imaginarnos lo que ocurrirá. La comida se hace interminable.

Existen formas para que el niño acabe el plato sin hablar y con bastante rapidez, como por ejemplo narrarle un hecho imaginario que despierte su interés. Si para de comer, le amenazaremos con dejar de contarle la historia.

También se pueden hacer concursos entre hermanos, a ver quién acaba antes, y todos harán enormes esfuerzos por salir triunfantes de la prueba.

Por otra parte, existe una tendencia, cada vez más acusada, de comer delante de la televisión. En estos casos, su comportamiento suele ser modélico, porque saben que si su comportamiento es bueno podrán continuar viendo la televisión.

Si éste es el único momento a lo largo del día en el que la ven no tiene ninguna importancia. El problema, como ya hemos apuntado con anterioridad, viene cuando hay un exceso de consumo de horas de televisión a lo largo de todo el día.

Es muy importante no castigar nunca al niño por su torpeza en la mesa. En caso de que nuestro hijo tenga ciertos problemas de este tipo, una buena solución sería poner una mesa auxiliar, o un mantel especial, vajilla de plástico, etc.

IR AL BAÑO

El ritmo sigue siendo el de una vez al día. Al igual que en el año anterior, lo normal es ir después del almuerzo. El funcionamiento intestinal suele ser muy rápido, tanto que en ocasiones el niño tiene que correr a toda prisa para llegar a tiempo al cuarto de baño, teniendo en ocasiones pequeños incidentes.

En realidad hasta los ocho años el niño no resuelve satisfactoriamente estos problemas. Lo que está claro es que los castigos y las grandes regañinas no resuelven en absoluto el problema de la incontinencia infantil. Al revés la empeoran. Y además, provocan un tremendo sentimiento de culpabilidad.

Todavía a los seis años, algunos niños piensan que es necesario informar a los padres sobre los detalles de sus defecaciones. Pero sin embargo, otros lo hacen de forma sigilosa, a puerta cerrada y sin hacer posteriormente comentario alguno.

En cuanto a la orina, a esta edad ya es muy raro que se les escape a lo largo del día, aunque todavía hay algunos que «mojan la cama» por la noche.

Es conveniente tratar de que se acostumbren a ir al baño a una hora concreta para regular así mejor sus funciones fisiológicas.

LOS ELEMENTOS DE UNA ALIMENTACIÓN EQUILIBRADA

La cantidad de nutrientes y su calidad adecuada viene definida por una variada y correcta administración de alimentos.

La forma de conseguirlos es a través de una dieta equilibrada. En los últimos años, y debido a que los padres cada vez somos más conscientes de su importancia, se han ido variando las conductas alimenticias e incluso las dietas de los niños.

Los factores sociales, educativos y culturales, han hecho que incluso haya cambiado la percepción que se tenía de un niño sano hace unos años y la que se tiene en nuestros días.

Por ejemplo, no es extraño escuchar aún a nuestros abuelos, al referirse a un niño, que era más sano cuanto más rellenito estaba, o confundir un niño fuerte, con uno que realmente estaba ocultando problemas de una alimentación equilibrada.

Otra de las creencias más extendidas popularmente hace unos años, era que la dieta equilibrada debía proporcionar los nutrientes necesarios para evitar enfermedades o carencias en el desarrollo de los niños. Con el tiempo esta idea ha ido variando para centrarse en ofrecer al organismo los refuerzos necesarios para sus funciones, es decir, lo que para los padres de hace unos años se centraba en cubrir las carencias alimenticias de sus hijos, en estos días se centra en cuidar los excesos y el control de la alimentación.

Debemos tener en cuenta, que en una dieta equilibrada de nuestro hijo deben de estar presentes los siguientes elementos: proteínas, vitaminas, hidratos de carbono, lípidos, fibra alimentaria, sales minerales y agua.

LAS PROTEÍNAS

Se pueden clasificar por su origen animal o vegetal. Las primeras están en alimentos como la carne, el pescado, la leche y los huevos, y los segundos en toda la gama de vegetales. Por la cantidad de proteínas, tienen un valor mucho más elevado las de origen animal.

La importancia de las proteínas radica en los aminoácidos. En esta sustancia se encuentra el valor biológico.

En el organismo son necesarios un total de 20 aminoácidos, y de éstos, ocho no son capaces de ser sintetizados por el cuerpo humano. Por esa razón deben obtenerse de las proteínas.

Para hacernos una idea de la importancia de las proteínas, de ellas depende las membranas celulares, el desarrollo de los órganos y los tejidos del cuerpo de nuestro hijo.

Entre la sexta y la séptima parte de la alimentación del niño debe estar compuesta de proteínas.

LOS HIDRATOS DE CARBONO

Están integrados por carbono, hidrógeno y oxígeno. También se conocen como glúcidos y se pueden dividir en monosacáridos, disacáridos y polisacáridos. La energía de nuestro hijo está directamente relacionada con la ingesta de estos elementos.

La mejor forma de administrar a nuestro hijo la cantidad necesaria de hidratos de carbono es a través de alimentos como todo tipo de frutas, miel, azúcar, leche, hígado y músculos de los animales, cereales, legumbres o tubérculos.

Más de la mitad de la dieta de nuestro hijo debe estar integrada por estos elementos.

LOS LÍPIDOS

Los compuestos de carbono, hidrógeno, oxígeno y pequeñas cantidades de fósforo, se conocen como lípidos. Se pueden agrupar en saturados e insaturados. Los primeros provienen de grasas animales, y se encuentran en el tocino o la mantequilla, y los segundos de aceites vegetales.

En general, aportan energía y son portadores de vitaminas A, D, E y K, y tienen un alto valor energético, por lo que no es recomendable que sobrepasen la cuarta parte de la dieta.

En relación con las grasas saturadas e insaturadas provenientes de aceites vegetales, en los últimos tiempos han proliferado los productos realizados a base de grasas polisaturadas, que suponen un riesgo para la alimentación de los niños.

Deberemos controlar la ingesta de estos productos, en su mayoría aperitivos con colores vivos y sabores variados, que vienen presentados en envases llamativos, y que además vienen acompañados de todo tipo de productos que despiertan su interés como cromos, pegatinas o figuritas articuladas. Normalmente estos productos se comen entre las horas de las comidas, por lo que resulta poco recomendable para una correcta alimentación.

LAS VITAMINAS

Éstas son sustancias esenciales, se dividen en dos clases: las liposolubles (A, D, E y K) y las hidrosolubles (C y B).

Vitamina A

Es fundamental para el desarrollo de los huesos y dientes, favorece la formación de la retina y es buena para la piel y las mucosas. Su administración está directamente relacionada con el esmalte de los dientes, el crecimiento o la visión nocturna. Podemos encontrar las dosis adecuadas de vitamina A en los productos lácteos, en el hígado o las zanahorias.

Vitamina D

Es la encargada de la consistencia de los huesos, y se encuentra en pescados como el salmón, la sardina o los arenques.

Vitamina E

La integridad de las membranas celulares depende directamente de esta vitamina. Se encuentra en la margarina, el germen de trigo, las semillas y los huevos.

Vitamina K

De su administración, depende la correcta coagulación de la sangre y se encuentra incluida en vegetales, cereales, leche y carne.

Vitamina C

Es fundamental para la absorción del hierro y favorece las estructuras intercelular de los tejidos.

La vitamina C se encuentra presente en las naranjas, los limones, los kiwis y las hortalizas.

Vitamina B

Es una de las vitaminas con más propiedades que se conocen. De hecho deberíamos hablar de el complejo vitamina B, ya que se trata de un conglomerado de sustancias, entre las que destacan la B1, B2, B6 y B12. Se encuentra en los cereales, huevos, levadura, legumbres y carnes.

Actualmente existen una amplía gama de productos enriquecidos con esta vitamina, que son recomendables para una adecuada asimilación de los nutrientes en la digestión.

LA FIBRA ALIMENTARIA

Esta sustancia se encuentra en los cereales, legumbres, frutos secos y verduras. Son muy recomendables para el intestino y en el proceso de absorción de los alimentos.

LAS SALES MINERALES

De su administración depende el crecimiento y el adecuado equilibrio mineral. Los minerales principales son el calcio, magnesio, fósforo, azufre, sodio, potasio y cloro.

Están repartidos en distintos alimentos, por lo que es recomendable una dieta equilibrada. El calcio se encuentra sobre todo en los productos lácteos y en todos sus derivados, el hierro en el hígado, los riñones o los frutos secos.

La sal contiene sodio, los cereales y legumbres contienen cinc y el agua contiene yodo.

Su administración está estrechamente relacionada con el correcto funcionamiento de nervios y músculos, así como favorecen la consolidación de huesos y dientes.

EL AGUA

La sustancia básica del cuerpo humano. En el cuerpo humano se encuentra repartida dentro y fuera de la células, y supone un 75 por ciento del organismo. El agua disuelve y transporta sustancias nutritivas y se encarga de la formación de los tejidos.

En el organismo se realiza una pérdida constante de agua a través de la orina, la transpiración o las deposiciones. En el caso de los niños, sus reservas de agua son menores que la de los adultos, por lo que es recomendable la ingesta de entre dos y tres litros diarios.

PIRÁMIDE NUTRICIONAL

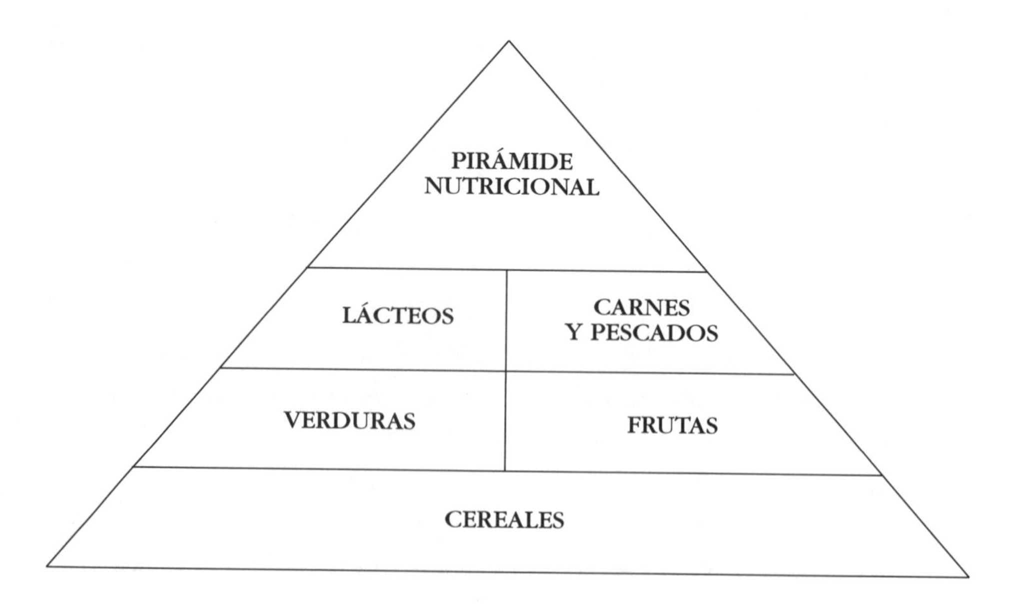

GRUPOS DE ALIMENTOS

Los grupos de alimentos se pueden clasificar en siete clases:

Grupo 1	Leche y derivados.
Grupo 2	Carnes, pescados y huevos.
Grupo 3	Legumbres, patatas y frutos secos.
Grupo 4	Verduras y hortalizas.
Grupo 5	Frutas.
Grupo 6	Pan, pasta, cereales, azúcar y dulces.
Grupo 7	Grasas, aceite y mantequilla.

EL MENÚ

El factor más importante en todo menú es el equilibrio. Para conseguir esta cualidad debemos combinar alimentos y tener en cuenta la edad de nuestro hijo.

Para confeccionar el menú del niño tendremos en cuenta las necesidades energéticas para cubrir sus necesidades y el desarrollo de su organismo.

El menú infantil debe contener:

- De 4 a 6 raciones/día de los alimentos del grupo 3 y 6.
- De 2 a 4 raciones/día de los alimentos del grupo 4.
- De 2 a 3 raciones/día de los alimentos del grupo 1, 2 y 5.
- De 40 a 60 gramos de grasa al día.

En el menú debe aparecer aproximadamente –de forma orientativa– la siguiente distribución:

- Hidratos de carbono: 60 por ciento.
- Lípidos: 25 por ciento.
- Proteínas: 15 por ciento.
- Agua, sales minerales, vitaminas y fibra.

En cuanto a la distribución horaria, es necesario que haya una continuidad y un orden en los tiempos para habituar a una correcta administración y digestión.

Lo más recomendable es repartir el aporte nutricional, a lo largo del día, en la siguiente proporción: una cuarta parte de este aporte se debería realizar por las mañanas, algo más de la cuarta parte en la comida, y menos de la mitad del aporte diario repartirlo entre la merienda y la cena.

DISEÑANDO EL MENÚ

DESAYUNO

- Zumo de frutas.
- Pan con mantequilla y/o mermelada.

- Galletas o magdalenas.
- Cereales.
- Leche.

A MEDIA MAÑANA

- Pan acompañado de embutidos.
- Fruta, batido de leche o fruta.

COMIDA

Primer plato

- De 2 a 3 días/semana: Judías, lentejas o habas.
- De 2 a 3 días/semana: Espinacas, coliflor o acelgas.
- De 3 a 4 días/semana: Macarrones, espaguetis o arroz.

Segundo plato

- De 2 a 3 días/semana: Carne.
- De 3 a 4 días/semana: Pescado.
- De 2 a 3 días/semana: Huevos.

Postre

- Fruta.

MERIENDA

Productos lácteos en general.

CENA

Primer plato

- De 2 a 3 días/semana: Judías, lentejas o habas.
- De 2 a 3 días/semana: Espinacas, coliflor o acelgas.
- De 3 a 4 días/semana: Macarrones, espaguetis o arroz.

Segundo plato

De 2 a 3 días/semana: Carne.

De 3 a 4 días/semana: Pescado.

De 2 a 3 días/semana: Huevos.

Algunos otros consejos importantes para una sana educación alimenticia, son evitar las grasas, un exceso de dulces, así como controlar la ingesta de bebidas con una alta cantidad de azúcares. Es importante controlar tanto en la familia como en la escuela, los horarios y los hábitos en las comidas.

UNA ALIMENTACIÓN SANA

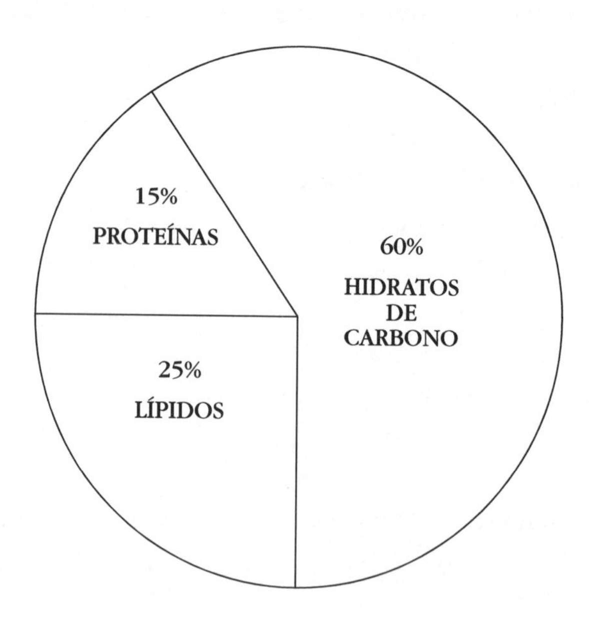

DISTRIBUCIÓN HORARIA DE LA ALIMENTACIÓN

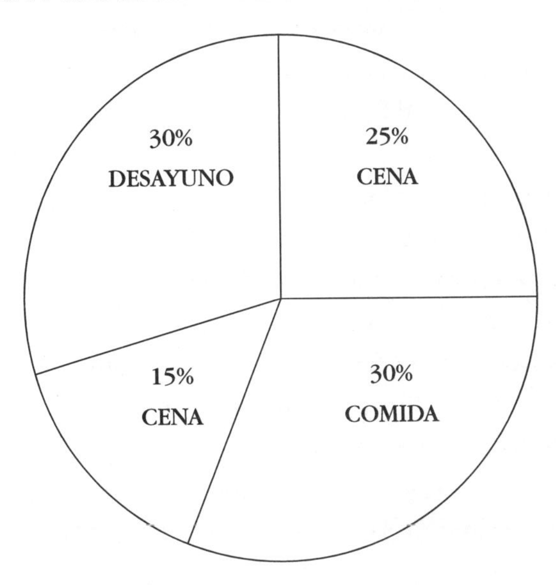

ALTERACIONES ALIMENTICIAS

El origen de la mayoría de las alteraciones y los problemas en las conductas alimenticias de los niños, vienen ocasionadas por factores psicológicos, generadas en la mayoría de las ocasiones por el comportamiento de los padres. Es un problema que debemos controlar y estudiar con atención para corregir.

La más común de las alteraciones, y que se detecta de inmediato es el rechazo a la comida. Nos podemos encontrar con rechazos a determinados alimentos por varias razones, aunque en su mayoría son de tipo temporal.

Pueden estar ocasionadas por un mecanismo de rechazo o simplemente para llamar la atención ante celos por otros hermanos, para chantajear a los padres o porque no le guste el sabor de determinadas comidas, por el color de los alimentos o por su olor.

Hay niños que no soportan nada que tengan que masticar, y sólo admiten los alimentos en puré; otros que no soportan las legumbres, los platos con fuertes sabores, las comidas picantes o muy amargas.

La mejor manera de habituarles a estos platos, es no obligarles, e ir sustituyéndolos por otros similares, para ir introduciéndoselos poco a poco junto con algo que les guste, o premiarles, aunque no constantemente.

Otro importante problema es la anorexia, que produce una pérdida de peso. Puede estar debida a un proceso constitucional, a una depresión precoz o por causas ajenas como el destete.

El caso contrario sería la bulimia, y se detecta por consumir cantidades importantes de alimentos cada poco tiempo.

Tanto la anorexia como la bulimia, suelen estar generados por trastornos afectivos.

En los últimos tiempos, otro de los problemas que está afectando a los niños de las sociedades occidentales es la obesidad. Las causas de esta enfermedad están sobre todo centradas en los malos hábitos en la alimentación como son las comidas rápidas o la ingesta habitual de aperitivos.

También se pueden observar otros factores como la falta de actividad física, factores ambientales, emocionales o genéticos.

Otro de los trastornos asociados a las conductas alimentarias es la caries dental. La causa de la aparición de la caries suele ser una dieta en la que abundan los dulces y azúcares, acompañada de una mala higiene dental.

En la educación de nuestros hijos, es importante el momento en el que les enseñemos a lavarse los dientes. Es recomendable que el momento de la higiene bucal sea atractivo. Para eso se puede reforzar con estímulos o con elementos llamativos, como pastas de dientes de colores, un cepillo con formas animadas, juegos sencillos asociados a la higiene, o incluso realizarlo todos juntos en familia. De esta manera conseguiremos crear un hábito sano y necesario para nuestros hijos.

Alrededor de los tres años de edad, nuestro hijo comienza a tener consciencia de su propia voluntad. Por eso, cuando hablamos de los problemas relacionados con la comida, es cuando a esta edad empiezan a manifestar su negativa a comer, como reflejo de esa voluntad propia.

Es muy habitual en este momento, que los padres utilicen premios a cambio de que sus hijos terminen el plato o se coman determinada comida. Es importante no abusar de este tipo de refuerzos, ya que el niño debe entender poco a poco, que comer legumbres es sano, y no sólo sirve para recibir un premio por parte de sus padres.

También debemos ser conscientes de que entre los tres y cinco años, el apetito del niño es menor, ya que el crecimiento es más lento, y por eso el niño necesita comer menos. No debemos forzarle a comer más de lo que le apetezca.

Hay que tener mucho cuidado a la hora de consentir que el niño coma entre horas, ya que eso hará que se encuentre desganado a la hora de las comidas. Es recomendable que si se le quiere dar un capricho, se le haga después de las comidas, para evitar que no coma a las horas de las comidas.

Por último, otro de los trastornos más corrientes relacionados con los niños, se encuentra en el ritmo de la comida. En la mayoría de los casos, es un problema que radica en los padres, que intentan contagiar al niño su poco tiempo a la hora de comer, a lo que el niño responde comiendo lentamente.

TEST DE CONTROL DE DESARROLLO DE ASPECTOS NUTRICIONALES PARA NIÑOS DE CUATRO Y CINCO AÑOS

1. ¿Le gusta comer a todas horas?

❑ Sí

❑ No

2. ¿Se despierta en mitad de la noche con ganas de comer?

❑ Sí

❑ No

3. ¿Suele pedir más comida de la que realmente puede comer?
- ❑ Sí
- ❑ No

4. ¿Aumenta su apetito en los días en que hay algún cambio en la rutina?
- ❑ Sí
- ❑ No

5. ¿Suele estar dispuesto a probar cualquier alimento que se le ofrezca?
- ❑ Sí
- ❑ No

6. ¿Tiene aversión a algún tipo de comida?
- ❑ Sí
- ❑ No

7. ¿Come moviendo brazos y piernas sin parar?
- ❑ Sí
- ❑ No

8. ¿Aborrece los alimentos filamentosos?
- ❑ Sí
- ❑ No

9. ¿Aborrece los alimentos amazacotados?
- ❑ Sí
- ❑ No

10. ¿Tiende a utilizar los dedos para coger los instrumentos?
- ❑ Sí
- ❑ No

11. ¿Le gusta comer en cualquier parte de la casa, antes que en la mesa?
- ❑ Sí
- ❑ No

12. ¿Le gusta charlar sin parar durante las comidas?

❑ Sí

❑ No

13. ¿Le gusta comer mirando la televisión?

❑ Sí

❑ No

14. ¿Realiza una deposición al día?

❑ Sí

❑ No

15. ¿Parece tener un buen funcionamiento intestinal?

❑ Sí

❑ No

16. ¿Imita comportamientos en la mesa que ve en los adultos?

❑ Sí

❑ No

17. ¿Imita comentarios que escucha en la mesa a los adultos?

❑ Sí

❑ No

18. ¿Mastica los alimentos correctamente?

❑ Sí

❑ No

19. ¿Sabe utilizar correctamente todos los cubiertos?

❑ Sí

❑ No

20. ¿Tiene preferencia por los alimentos sólidos sobre los líquidos?

❑ Sí

❑ No

TEST DE CONTROL DE DESARROLLO DE ASPECTOS NUTRICIONALES PARA NIÑOS DE SEIS AÑOS

1. ¿Ha observado si ha aumentado considerablemente su apetito?
   - ❑ Sí
   - ❑ No

2. ¿Suele tener bastante ansia por terminar el plato?
   - ❑ Sí
   - ❑ No

3. ¿Tiene preferencias en general por las comidas sencillas?
   - ❑ Sí
   - ❑ No

4. ¿Es sensible el niño a las cualidades tópicas de los alimentos?
   - ❑ Sí
   - ❑ No

5. ¿Influyen en él los gustos de los adultos?
   - ❑ Sí
   - ❑ No

6. ¿Altera su forma de comer con la presencia de personas desconocidas?
   - ❑ Sí
   - ❑ No

7. ¿Sabe cortar la carne con el cuchillo?
   - ❑ Sí
   - ❑ No

8. ¿Es capaz de comer completamente solo cualquier alimento?
   - ❑ Sí
   - ❑ No

9. ¿Intenta monopolizar las conversaciones de los adultos durante las comidas?

❑ Sí

❑ No

10. ¿Tiene al corriente de sus movimientos intestinales a toda la familia?

❑ Sí

❑ No

11. ¿Les gusta comer todo tipo de alimentos?

❑ Sí

❑ No

12. ¿Cambia su gusto por las comidas con mucha frecuencia?

❑ Sí

❑ No

13. ¿Suele comer siempre al mismo ritmo?

❑ Sí

❑ No

14. ¿Quiere sentarse siempre en el mismo sitio de la mesa a comer?

❑ Sí

❑ No

15. ¿Le gusta comer entre horas?

❑ Sí

❑ No

16. ¿Come igual fuera de casa?

❑ Sí

❑ No

17. ¿Va mejorando progresivamente sus modales en la mesa?

❑ Sí

❑ No

18. ¿Prefiere los alimentos dulces a los salados?
- ❑ Sí
- ❑ No

19. ¿Se distrae fácilmente mientras que está comiendo?
- ❑ Sí
- ❑ No

20. ¿Suele hacer desayunos escasos?
- ❑ Sí
- ❑ No

Valoración

Todos los test de control de desarrollo poseen 20 ítems o preguntas. Deben contabilizarse las respuestas negativas obtenidas durante la realización de los tests.

• *Respuestas negativas entre cero y cinco.* Si ha obtenido un total de respuestas negativas entre cero y cinco puntos en alguno de los test, puedes estar muy tranquila pues tu hijo está adquiriendo un dominio de su cuerpo y del mundo que le rodea totalmente adecuado para su edad.

• *Respuestas negativas entre cinco y 15.* Si ha obtenido un total de respuestas negativas entre cinco y 15 puntos, no debes preocuparte, pero tal vez debas estar atenta a sus progresos y conquistas, vigilando que no se produzca ningún retraso importante.

• *Más de 15 respuestas negativas.* Si ha obtenido un total de respuestas negativas superior a 15 puntos en alguno de los tests, el desarrollo de tu hijo no está llevando el ritmo adecuado. Hay comportamientos y síntomas que exigen una consulta obligada con el pediatra.

La salud

En los primeros años de vida los seres humanos adquieren hábitos y conductas perjudiciales o beneficiosas para la salud, por lo que es necesaria la intervención por parte de los padres y de los educadores, ya que algunos estudios han comprobado que las enfermedades que causan una muerte prematura están directamente relacionadas con los hábitos y formas de vida.

La salud se podría definir como la ausencia de enfermedad o dolencia, pero también como el estado de bienestar físico y mental de la persona.

El concepto de salud es positivo y conlleva el funcionamiento óptimo del organismo y posibilita el bienestar y la felicidad del ser humano.

Es necesario que los padres fomentemos la salud de forma global y abierta, creando en nuestros hijos un sistema de valores adecuado. Debemos enseñarles a autocuidarse y a tratar la salud como una responsabilidad personal.

Una buena educación para la salud debe desarrollar en los niños lo siguiente:

- Conocimientos básicos sobre las funciones corporales.
- Principales peligros que amenazan la conservación de la vida.
- Actitudes que fomentan el deseo de tener una excelente salud.
- Hábitos higiénicos.
- Equilibrio afectivo.
- Actividades sanas y saludables.
- Adecuada utilización de los servicios médicos.

Lógicamente una educación saludable pretende que los niños desarrollen hábitos y costumbres sanas, que valoren la calidad de vida y que rechacen todo aquello que no conduzca al bienestar tanto físico como mental, teniendo en cuenta el objetivo de equilibrio personal que buscan sus progenitores.

Es necesario que pongamos todos los medios necesarios para evitar enfermedades y accidentes a la vez que desarrollemos en nuestros hijos hábitos y actitudes de descanso, higiene y alimentación que los ayuden a conservar e incluso mejorar su salud.

En cuanto a los hábitos de alimentación debemos de desarrollar los siguientes:

- Que coman solos.
- Que coman de todo.
- Que utilicen adecuadamente los utensilios de cocina.
- Que no coman en exceso.
- Que coman lo suficiente y necesario.
- Que mantengan una actitud correcta en la mesa.

Para todo ello podremos tomar las siguientes medidas:

- Se regularán las horas de comida para que éstas sean sanas y completas.
- Se evitará que utilicen las horas de comida para jugar.
- Se evitará que utilicen las horas de comida para llamar la atención de forma exagerada.
- Se evitará que se sienten a comer si están muy cansados.
- Se evitará que se sienten a comer si están muy excitados.
- Se cuidarán las raciones y la forma de presentar los platos para hacerlos más apetitosos.

En cuanto a los hábitos relacionados con la higiene debemos desarrollar los siguientes:

- Que se laven las manos antes de comer.
- Que se cepillen los dientes después de cada comida.

Para todo ello podremos tomar las siguientes medidas:

- Respetaremos la maduración del niño.
- Evitaremos los castigos y los insultos.
- Evitaremos que se asusten y se avergüencen.
- Trataremos de asociar la higiene a situaciones agradables, usando por ejemplo utensilios atractivos para desarrollar estas actividades.
- Procuraremos que tengan autonomía lo antes posible.

En cuanto a los hábitos de actividad y descanso debemos desarrollar los siguientes:

- Que cumplan horarios de sueño y descanso.
- Que incorporen las acciones que deben realizar antes y después de ir al baño.
- Que se habitúen a ir solos al cuarto de baño.

Para todo ello podremos tomar las siguientes medidas:

- Tendrán un horario adecuado para cada edad.
- Se cuidará del ambiente (luz, ruido, ventilación, etc.).
- Se respetará la hora de la siesta.
- Se evitarán los disgustos antes de dormir.

CÓMO PREVENIR LOS ACCIDENTES Y LAS ENFERMEDADES

Se entiende por accidente todo suceso eventual o fortuito que provoca daños de manera involuntaria. La infancia es el período donde se presentan un mayor número de accidentes.

El agua hirviendo, las aspirinas sobre la mesa o las escaleras provocan en la actualidad más muertes que enfermedades como la meningitis.

Los factores que pueden originar un accidente se podrían agrupar de la siguiente manera:

- Factores del entorno: Los patios, las escaleras, los cuartos de baño, las cocinas, los enchufes, los objetos punzantes, los medicamentos, las pilas, etc.
- Factores inherentes al niño:
  - — La edad, siendo más frecuentes los accidentes entre uno y cuatro años.
  - — El comportamiento, siendo más frecuentes en niños con comportamientos atrevidos, inquietos e irresponsables.
- Factores inherentes a los padres y educadores: Despreocupación o excesiva protección.

Los accidentes más comunes son las caídas, los cortes, las colisiones, las intoxicaciones, los ahogamientos, las quemaduras y los accidentes de tráfico.

La educación destinada a la prevención de accidentes debe ser siempre tratada desde un punto de vista positivo, sin crear angustias o miedos en los niños, haciendo que el propio niño valore los riesgos en su justa medida.

Debemos enseñarles a conseguir seguridad frente al riesgo y que desarrollen y adquieran capacidades del tipo:

- Conocer la importancia de los accidentes y sus causas.
- Detectar los elementos del entorno que pueden ser causantes de los accidentes.
- Conocer las limitaciones a la hora de afrontar los riesgos.

Es necesario que la escuela a la que llevamos nuestros hijos respete una serie de cuestiones básicas para la prevención de accidentes, tales como:

- Puertas que abran hacia fuera.
- Ventanas con cierres altos.
- Cristales de seguridad.
- Termostato de agua caliente controlado.
- Controlar la no existencia de piedras.
- Separación de zona de juegos rápidos y zona de juegos lentos.
- Sistema de seguridad en las puertas que impidan encerrarse en los servicios.

LAS ENFERMEDADES INFANTILES

Las enfermedades de mayor incidencia en la etapa infantil se clasifican de la siguiente forma:

- Enfermedades infecciosas.
- Enfermedades del aparato digestivo.
- Enfermedades del aparato respiratorio.
- Alergias.

ENFERMEDADES INFECCIOSAS

Éstas son algunas de las enfermedades infecciosas más comunes:

Varicela

Es muy contagiosa y producida por un herpes virus que normalmente aparece entre los dos y los seis años. Se contagia de modo directo y es una enfermedad con unos síntomas muy típicos, como la fiebre poco elevada y erupción que se inicia con mancha roja y que se reseca hasta formar una costra.

Tosferina

Afecta fundamentalmente a niños de muy poca edad. Se contagia a través de la tos. Es muy contagiosa y el período de incubación dura entre siete y 14 días. Los síntomas pasan por tres etapas. La primera es lagrimeo, tos leve, estornudos y fiebre. La segunda trae una tos espasmódica y brusca, con vómitos. Y, la tercera es una convalecencia de dos semanas en la que disminuyen los síntomas, aunque la tos puede persistir varios meses.

Rubeola

Es una enfermedad de origen vírico y su importancia fundamental está asociada a la gravedad que puede provocar en una mujer embarazada dado que una de las vías de transmisión es la placentaria.

Los síntomas comienzan con fiebre, catarro y una inflamación de los ganglios linfáticos y cervical posterior. La erupción es leve. Comienza en el rostro y se extiende posteriormente al resto del cuerpo.

Meningitis

Consiste en la inflamación de las meninges y se puede producir por virus o por bacterias. Se transmite por contagio directo a través de la secreción de nariz y garganta. Los síntomas aparecen vinculados a las vías respiratorias con cefaleas, fiebre, vómitos, contracciones musculares, convulsiones, confusión, delirio o coma.

Hepatitis

Esta enfermedad se desarrolla por la inflamación del hígado. Es provocada por un virus que se encuentra en las heces y en la orina principalmente. El contagio directo es por contacto con las heces y orina. El contagio indirecto es por el agua de los alimentos contaminados. Algunos de los síntomas son fiebre, cansancio, agujetas y a veces molestias digestivas e ictericia.

ENFERMEDADES DEL APARATO DIGESTIVO

Las más habituales son la diarrea, el estreñimiento, los vómitos, la gastroenteritis y la gastritis.

- La diarrea puede provocar deshidratación, por ello es básico mantener el equilibrio hídrico del cuerpo.
- El estreñimiento prácticamente depende siempre de trastornos del intestino grueso. El estreñimiento crónico puede depender de lesiones del intestino o de otros órganos. Pero en muchos el estreñimiento habitual existe sin lesiones orgánicas.

  En estos casos se debe a una alimentación desequilibrada, costumbre de retener, abuso de purgantes y enemas, vida sedentaria, etc. El tratamiento atenderá a las lesiones orgánicas si las hubiere. En todo caso, un régimen dietético adecuado tiene un papel terapéutico fundamental.
- La gastroenteritis es una inflamación de la mucosa gástrica e intestinal que se manifiesta principalmente porque, después de transgresiones dietéticas, aparecen vómitos, malestar general, diarrea, etc. Es un proceso normalmente benigno, agudo, que suele ceder al restringir la dieta.

- La gastritis es una inflamación de la mucosa del estómago y entre las causas de ella están las transgresiones dietéticas cuantitativas o cualitativas, los tóxicos como el alcohol o el tabaco, las toxinas de bacterias causantes de una infección, que se eliminan por la mucosa gástrica, y el uso continuado de ciertos medicamentos como la aspirina, los esteroides, etc. El tratamiento consiste en eliminar la posible afección causal e instaurar un régimen dietético y medicación sintomática.

ENFERMEDADES DEL APARATO RESPIRATORIO

Las más habituales son el resfriado común, la bronquitis, la faringitis, la otitis y la neumonía.

- La faringitis afecta a las amígdalas. La amigdalitis puede ser causada por un virus o una bacteria. Provoca tos, molestias de garganta, fiebre y malestar en general.
- La otitis puede afectar al oído medio o al externo. Es una infección de oído que suele cursar con fiebre, pudiendo llegar hasta a supurar el oído. Además puede aparecer taponado y dolorido.
- El resfriado y la gripe se producen por infección vírica. Es importante enseñar al niño a sonarse bien y vigilar si se presenta alguna complicación, como tos ronca, dolor de oído o secreción nasal muy espesa.
- La bronquitis es una inflamación de las vías respiratorias bajas que se presenta por contacto con otras personas que la padecen. Los síntomas son rinorrea, tos fiebre y leve pitido al respirar.
- La neumonía es una inflamación del tejido pulmonar con tos y fiebre. En muchos casos es necesaria hospitalización.

La escuela

Es tiempo ya de complementar la educación que hemos intentado dar a nuestro hijo en el ámbito familiar con la que ahora va a recibir en la escuela.

Además, según el niño se va adaptando perfectamente al hogar y a la vida con todos los miembros de la familia, también se encuentra dispuesto a afrontar la experiencia de salir de la misma y relacionarse con otras personas, compartiendo un aula con otros niños de su misma edad.

Lo normal es que a esta edad se adapte con relativa facilidad al ambiente escolar, si bien necesitará que la madre o algún hermano mayor le acompañe hasta la puerta del colegio.

Es normal que transcurrido cierto tiempo desde su incorporación llegue un día que demande una especial atención por parte de la madre con el fin de consolidar la relación madre-hijo, interrumpida con su escolarización.

Los niños que viajan hasta el centro en el autobús escolar consiguen aclimatarse más rápidamente al realizar el trayecto con otros niños, sin la presencia de padres o maestros.

Se ha constatado que las niñas tardan más tiempo en adaptarse a la escuela que los niños. Sin embargo, cuando finalmente consiguen adaptarse, lo hacen mejor que los niños.

En general, los varones saltan más veces para demostrar su disconformidad porque no están de acuerdo con las barreras y limitaciones que les impone el maestro durante la actividad escolar.

Como cuando les manda terminar el recreo para reincorporarse al aula o les propone simplemente una actividad que no es totalmente de su agrado. Es además labor de los maestros o educadores trabajar la incorporación a la colectividad del niño, fortaleciendo los diversos aspectos que puedan aumentar su capacidad de cooperación, invitándole al principio a participar en aquellas actividades que dependen más de la iniciativa individual, para más tarde irle introduciendo progresivamente en el ritmo normal de la clase.

Por ejemplo, los trabajos realizados en la pizarra conllevan observación y juicios críticos por parte de los compañeros, la imposibilidad de fraude o la delación de los propios fallos, lo cual termina comunicando una especial seguridad al niño al mismo tiempo que le preparan el camino para futuras relaciones satisfactorias con la colectividad que le enjuicia.

En caso de que no le resulte fácil amoldarse al grupo, es preferible que le situemos cerca del mismo y no marginarle totalmente. De esta forma seguro que va a aprender mucho más pronto a intervenir en los asuntos de los demás que si le arrinconamos.

Todavía a estas edades, el ambiente no estimula mucho a la relación social con los demás niños de la clase.

Esto se produce así porque lo normal es que se sienten por grupos en pequeñas mesas y que se entreguen a sus actividades (dibujar, moldear, etc.) de una manera aún independiente, prácticamente sólo levantando la mirada para ver el resultado final del trabajo de un compañero o porque algún otro acontecimiento les ha llamado más su atención, como por ejemplo la entrada de alguien en la clase.

Es cuando juegan a la construcción o desarrollan otro tipo de juegos colectivos cuando realmente existe asociación y colaboración entre ellos.

Por eso es necesario que tanto el educador como nosotros mismos promovamos este tipo de juegos en los que el niño debe de entrar en relación con otros, regulando además así su conducta.A partir de los seis años ya tendrá un mayor sentido social y una mayor tendencia a trabajar en equipo.

La vida escolar es también beneficiosa en tanto y en cuanto crea una rutina en el niño, proporcionándole un ritmo a seguir. Pero cuidado, ese ritmo debe ser lo suficientemente flexible como para que no se sienta excesivamente limitado en aquello que más ansía cualquier niño: la libertad de movimientos.

Así, el alternar los juegos al aire libre con otras actividades que siempre agradan a estas edades, como el dibujo, las construcciones, el moldeado con plastilina o la pintura, interrumpiendo un trabajo para pasar a otro de distinta índole cada no demasiado tiempo, puede ser un buen método a seguir para conseguir que se encuentre a gusto. Aquí, el descanso también es conveniente.

El niño está rebosante de energía, y lo demuestra continuamente realizando sus ejercicios con auténticas explosiones que van y vienen: rompe el papel, borra rápidamente lo dibujado, se levanta, se sienta, se le cae al suelo algún objeto o derrama algún líquido sin querer.

Hay que enseñararle que debe saber controlar un poco sus propios impulsos.

LA ESCUELA Y LA CASA

Otro tema que causa cierta controversia es el hecho de que adopte diferentes actitudes según esté en casa o en la escuela.

Seguramente más de una vez nos ha parecido o nos parecerá extraño lo que nos está contando el maestro acerca de lo que ha hecho nuestro hijo en la escuela. Y esto sucede porque esa conducta no la ha manifestado anteriormente en el ámbito familiar.

Una de las formas de poder saber cuál es el grado de adaptación escolar alcanzado es comprobar si realiza los trabajos encomendados en la escuela para hacer en casa. Esto significará que el niño quiere agradar al profesor y que todo marcha bien.

No es motivo de preocupación si al volver a casa no se muestra muy comunicativo en cuanto a la vida escolar.

Sus explicaciones están limitadas a contarnos que el maestro le ha castigado o que se ha peleado con algún compañero o algo por el estilo. Por esto, es conveniente que estemos en contacto con sus educadores para conocer de primera mano cómo se desarrollan esos sucesos significativos de la vida de nuestro hijo fuera del hogar.

De esta forma, conoceremos las dificultades y los progresos que se están produciendo en su comienzo de la vida escolar.

Los cuentos constituyen a estas edades el reposo preferido. Cuentos de animales y aventuras, con frases redundantes o rimadas que pueda aprender y repetir con cierta facilidad serán sus favoritas. Si después de finalizar la lectura teatralizamos el relato será aún mucho mejor.

MATERIAL DE TRABAJO

Realizando fotocopias, tal vez ampliándolos un poco, los padres podrán disfrutar de este importante material escolar, que está pensado para niños de cuatro a seis años.

Para los que lleven cierto retraso en la escuela infantil servirá de apoyo y para los demás de entretenimiento.

COLOR ROJO

Colorear la fresa de color rojo, sin salirse de la línea.

El invierno

Hablar sobre las estaciones.
¿Se puede esquiar en verano?
¿Qué cosas se pueden hacer en invierno?
¿Cómo se forma la nieve?

LA LLUVIA

¿Para qué sirve el paraguas?
¿Qué pasa en el suelo cuando llueve?
¿Qué otras prendas se usan los días de lluvia?
Pinta el paraguas de verde y dibuja lluvia a su alrededor.

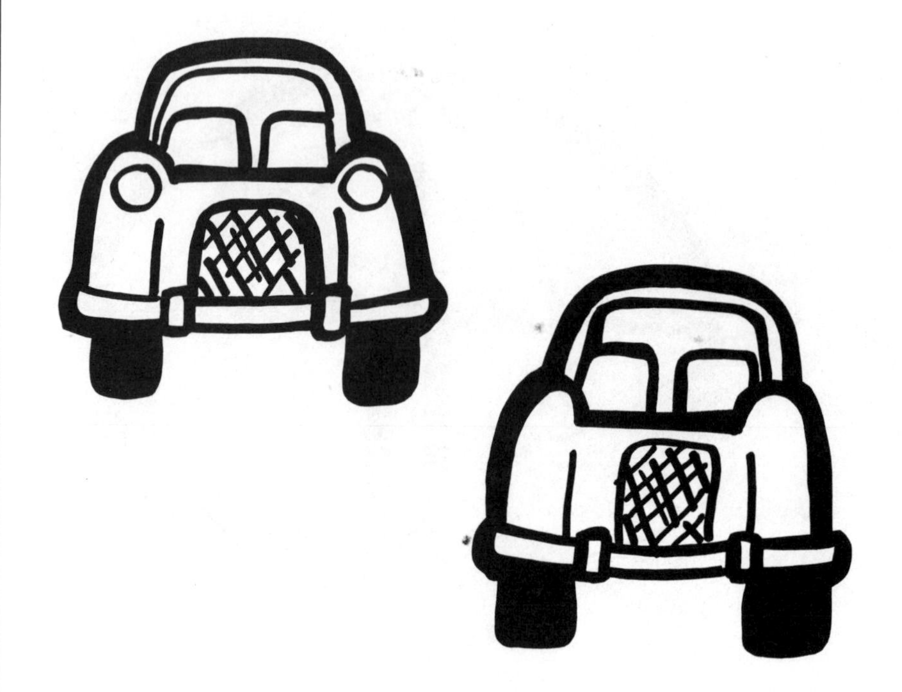

¿SON IGUALES?

¿Qué le falta al coche de abajo?
Dibuja los faros, colorea el coche de arriba de azul
y el de debajo de color rojo.
¿Para qué sirven los faros de los coches?
¿Y las ruedas?

El otoño

¿Qué les pasa a los árboles en otoño?
¿Vamos a la playa en otoño?
Pega trozos de hojas que encuentres en la calle,
dentro de esta otra hoja.

Los sentidos

El gusto.
Colorea la boca de color rojo.
¿Para qué utilizamos nuestra boca?

Las frutas

¡Qué bueno es comer fruta!
Piensa en todas las frutas que conoces.
Colorea las uvas de verde.

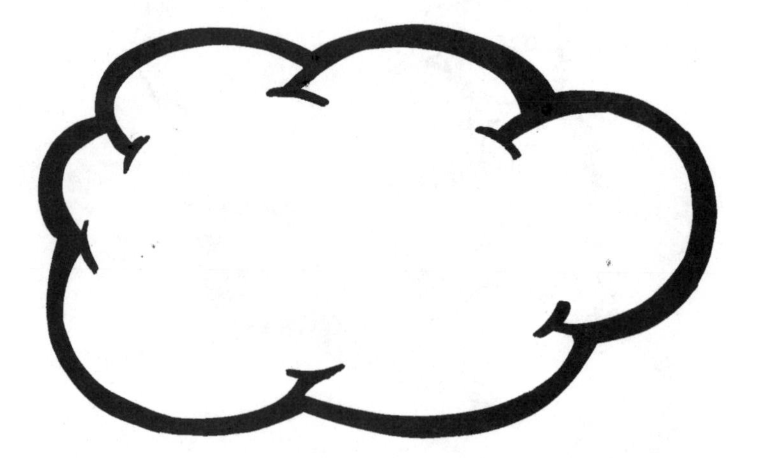

Las nubes

Rellena la nube con algodón blanco.
Mira el día que hace hoy, ¿hay nubes o sol?
¿Qué ocurre cuando hay muchas nubes en el cielo?

EL MAR

Dibuja un barco en el mar.
Colorea el mar de azul.
Colorea el sol de amarillo.
Colorea la nube de gris.

EL CÍRCULO

Colorea los objetos redondos.
¿Para qué sirven?
¿Se pueden comer todos?

EL ROMBO

Colorea todos los rombos de color azul.
Colorea todos los círculos de color verde.
Colorea todos los triángulos de color amarillo.
Colorea todos los cuadrados de color rojo.

Las formas

Colorea el objeto redondo de color azul.
Colorea el objeto cuadrado de verde.
¿Se comen los dos?

Los peces

¿Dónde viven los peces?
¿Son iguales?
Colorea el pez de atrás de color amarillo.
Colorea el pez de delante de color azul.

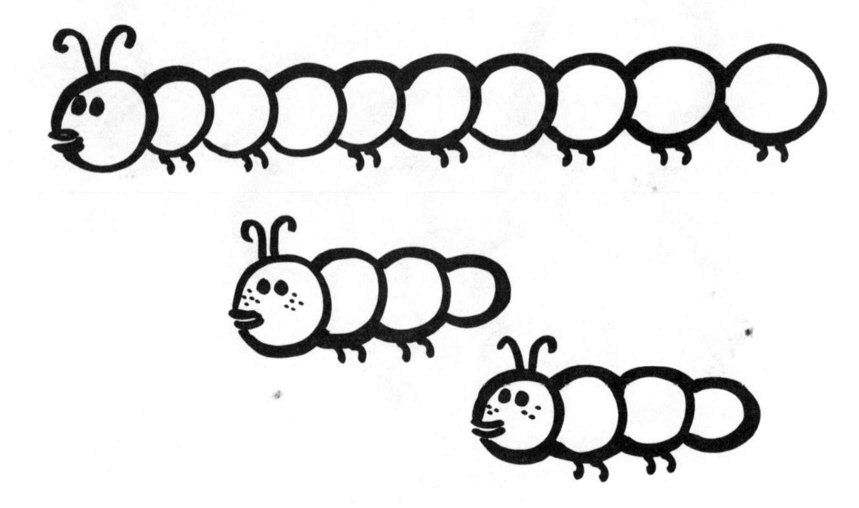

La familia

¿Cómo cuidan las madres de sus pequeños?

EL TIEMPO

¿Qué día hace hoy?
Colorea la ficha libremente.

La naturaleza

Nombra a todos los animales que aparecen en la ficha.
Colorea las plantas de color verde
y los animales de color rojo.

Las ovejas

Rellena la oveja con trocitos de lana.
¿Para qué sirve la lana que da la oveja?
Colorea las patas de la oveja de color gris.

La higiene

¿Por qué tenemos que ducharnos todos los días?
¿Por qué tenemos que lavarnos los dientes?

Los caracoles

Colorea el caracol que está debajo de color marrón.
Colorea el caracol que está encima de color rojo.

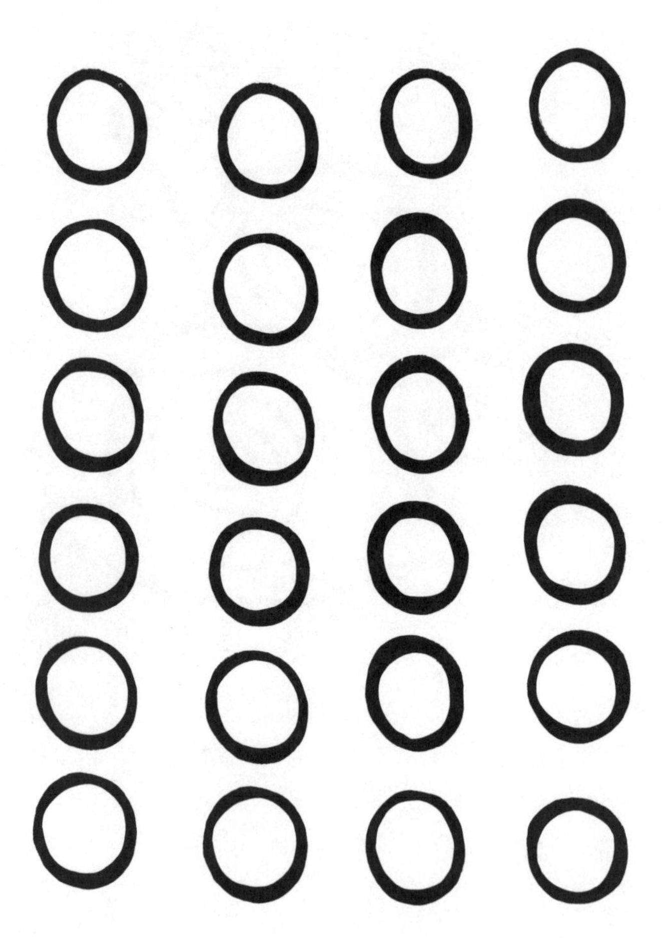

Las series

Pinta una bola verde y la siguiente azul,
y la siguiente verde,
y así sucesivamente.

La amistad

¿Qué es un amigo?
¿Por qué es bueno tener amigos?

LA NOCHE

EL DÍA

EL DÍA Y LA NOCHE

Colorea la noche y dibuja debajo el día
¿Qué diferencia hay entre ambos?
Colorea la ficha libremente.

La altura

Colorea sólo el animal más alto.

Buscando el camino

Colorea el camino que ha de seguir la niña
para llegar a alcanzar la pelota.

El rostro humano

¿Cuáles son las partes que faltan en esta cara?
Pinta todas las partes que le faltan a la cara de la niña.

El huevo

¿Qué está haciendo el pajarillo?
¿De dónde está saliendo?

La música en la infancia

De sobra es sabido por todos, que la música siempre ha acompañado al hombre a lo largo de la historia, de ahí su importancia.

Podemos definir la música como el arte de combinar los sonidos en el tiempo. La música siempre ha formado parte de la vida, los espectáculos, las ceremonias, etc.

En realidad, la música es un lenguaje universal. Un lenguaje que pueden entender los niños, y en el que se pueden iniciar gracias a canciones sencillas.

La música para los niños debe ser algo que se lleve a cabo en un ambiente de juego, alegría y creatividad para que el niño sienta que puede comunicarse a través de ella.

Partimos del gran interés que muestra el niño desde muy pronto por los estímulos auditivos: gira la cabeza buscando el origen del sonido, mueve su cuerpo al compás de la música, da muestras de alegría cuando se le canta una canción.

Las primeras vivencias musicales que se le proporcionen van a tener una importancia primordial en su actitud futura hacia la música, por lo que debemos aprovechar este interés innato para enriquecer sus experiencias sensoriales.

A través de la música el niño podrá desarrollar múltiples capacidades como:

- Los sentidos.
- El desarrollo motriz a través del movimiento de cada una de las partes del cuerpo.
- La coordinación óculo manual.
- La precisión, la memoria visual auditiva y rítmica.
- La atención.
- La observación.
- La imaginación.
- La creatividad.
- El sentido estético.
- La estructuración espacio temporal.
- El desarrollo afectivo y social.

En definitiva, a través de la música se fomenta en el niño un papel de espectador y asimilador de la cultura, por lo que debemos favorecer y animar su acercamiento a la música.

LOS SONIDOS Y EL SILENCIO

El mundo está lleno de ruidos y sonidos. Los ruidos son vibraciones sonoras irregulares y no periódicas, mientras que los sonidos son vibraciones periódicas y regulares. Por otra parte, el silencio es la ausencia de sonido. En música, el silencio es el espacio entre un sonido y otro que va a comenzar. En la música el silencio es un elemento imprescindible para que exista un discurso musical.

A los niños, desde muy pequeños conviene enseñarles a mantenerse en silencio para que puedan posteriormente desarrollar su cualidades de audición, atención y agudeza auditiva.

A la hora de seleccionar actividades musicales para desarrollar con nuestros hijos debemos tener en cuenta lo siguiente:

- Es esencial que los niños disfruten con este tipo de actividades. Deben tener un carácter lúdico.
- Es importante que favorezcan la expresión personal del niño.
- Deben ser variadas y breves para que mantengan su interés.

Para que el niño se vaya familiarizando con los instrumentos es muy interesante que construya algunos instrumentos con material de desecho como:

- Claves hechas con dos trozos con palos de escoba.
- Una cajas china con un taco de madera y un palo.
- Maracas con nueces grandes y con granos de arroz dentro.
- Tambores con recipientes de detergente vacío.
- Platillos con tapaderas de ollas.
- Timbales con latas grandes y un trozo de parche o plástico.
- Botellas de anís para rasgar con una cuchara.

En definitiva la música significa comunicación y conexión entre los seres humanos, y hace que las personas tengan un contacto más directo y mas profundo y que se rompan las barreras individuales. Esto es, ni más ni menos, lo que debemos transmitir y hacer comprender a nuestros hijos.

Los sentimientos del niño

Cuando compartimos nuestros sentimientos personales con otras personas no solemos buscar críticas, juicios, lógica, consejos o razones.

No nos gusta que además se vean dejados de lado, negados o tomados a la ligera. De la misma forma debemos intentar manejar los sentimientos de los niños. Frenar sus sentimientos puede ser algo negativo a largo plazo.

Una buena política va a ser ponernos en su lugar e imaginarnos las reacciones que se pueden producir en nuestro hijo al recibir unos determinados comportamientos y respuestas por nuestra parte cuando expresa sus sentimientos.

Cuando el ser humano, independientemente de su edad, se abre a los demás en materia de sentimientos, lo hace, principalmente, buscando comprensión.

Sin embargo, cuando los niños comparten sus emociones con nosotros, nuestra actitud típica consiste en darles instrucciones acerca de lo que deben o no deben sentir. Y esto porque la mayoría de nosotros vio probablemente como sus propios sentimientos fueron sometidos al manejo propio de los métodos tradicionales que imperan en nuestra cultura y sociedad.

Debemos tener en cuenta como padres que los sentimientos son un arma de supervivencia dado que movilizan a todo el cuerpo para la acción.

Una emoción intensa puede provocar en un niño un cambio de su ritmo cardiaco, una mayor cantidad de adrenalina en su cuerpo, una respiración más rápida y acusada, mayor sudoración y, en definitiva, una mayor tensión muscular general que viene dada por un cambio químico en el cuerpo.

En estos momentos es comprensible que no haga mucho caso a nuestras instrucciones. Sus oídos nos oyen pero sus glándulas desencadenantes de toda esa tensión corporal no.

Si le mandamos terminar con el sentimiento que provoca toda esa reacción química, lo más probable es que sus glándulas trabajen aún con mayor ritmo y que aumente la frustración del pequeño.

No olvidemos que cuando expresa sus sentimientos, lo que está haciendo es descargar toda esa energía emocional. Y así lo debe hacer, porque una emoción reprimida provoca que el cuerpo continúe en estado de tensión y salga hacia fuera en forma de hostilidad hacia nosotros, la escuela o hacia los demás. También causa estragos en la autoestima.

Buscar que nuestro hijo sea un niño modelo no es lo más recomendable. El comportamiento modelo no es la conducta más saludable y positiva, ya que están ausentes la libertad y la espontaneidad.

En realidad, lo que estamos provocando alimentando este tipo de actitudes, es alejarle de nosotros mismos.

Un manejo constructivo de sus sentimientos podría bien estar orientado cuando adoptamos una disposición de escucha activa y con empatía, aceptando los sentimientos y aportando válvulas de escape aceptables.

Una cosa está clara, si a un adulto no le gusta darse cuenta que su mensaje no está siendo correctamente recibido por los demás, a un niño tampoco. Cuando comunica quiere pruebas concretas de que su mensaje se recibió.

La pasividad en la escucha no es nada recomendable. La escucha activa significa no sólo prestar atención a los mensajes verbales que salen directamente por la boca del niño, sino también estar atentos de sus mensajes no verbales, tales como los gestos, la adopción de determinadas actitudes o incluso a través del movimiento corporal.

Hay que tener en cuenta que los niños de estas edades no siempre logran expresar sus sentimientos con palabras. Sobre todo cuando les dominan emociones muy fuertes que no pueden controlar. Por esto corre de nuestra cuenta traducir sus mensajes corporales al lenguaje hablado.

Cuando realizamos una atención activa de lo que se trata es de considerar el punto de vista del otro sin que por ello implique que estemos de acuerdo o en desacuerdo con ese punto de vista.

Pensemos que aceptar los sentimientos significa permitir que el niño experimente sus emociones sin que se lo juzgue.

Nosotros somos los adultos y se supone que somos nosotros los que estamos en la posición de poder buscar soluciones y vías de escape aceptables a los sentimientos. Si estamos en casa, lo que podemos hacer es proporcionarle un papel para que pinte con los lápices de color o un trozo de plastilina para modelar.

Lo difícil es cuando estamos fuera de casa. Ir provistos de algún objeto que pueda ser sustituto de su ira nos vendría muy bien, como un juguete o algún objeto que sea desconocido aún para él y por el que intuyamos que pueda demostrar interés y curiosidad.

Si no resulta podemos fijar unos límites y tratar de hacerle comprender que podemos hablar su problema con toda seguridad al llegar a casa.

Ese encuentro que le hemos prometido cuando estamos fuera de casa, se debe realizar lo más pronto posible.

De hecho, gran parte de la ayuda que les podemos dar a la hora de que manejen sus sentimientos, pasa por enseñarles que la manifestación de los mismos tiene que producirse dentro de unos límites apropiados en cuanto a la gente delante de la cual los expresa, los momentos y los lugares.

De todas formas, no todos los sentimientos negativos se pueden aliviar mediante dibujos, frases cortas u otros procedimientos. A veces darle salida cuesta mucho más tiempo.

Sobre todo cuando éstos se encuentran acumulados desde hace algún tiempo. De la cantidad de sentimientos negativos acumulados, y de la seguridad que el niño tenga para expresarlas, dependerá el tiempo que va a tardar en aliviar esas emociones reprimidas.

Dado que los niños caen a diario en diversas situaciones que de por síi generan en ellos sentimientos intensos, se hace necesario que los pueda ir expresando a medida que se le presentan. Así evitaremos acumulaciones.

Al igual que un adulto, un niño demasiado cargado por dentro, es una bomba que puede estallar a la menor provocación, perdiendo todo sentido de la perspectiva.

Es aconsejable intentar ayudarle en la medida de lo posible a generar sus propias ideas y sentimientos. De esta manera nos estaremos asegurando de fomentar su independencia y autorrespeto.

Es prudente pensar que cuando tratamos de remediar una conducta negativa en nuestro hijo debemos concentrarnos en las emociones negativas que han desencadenado un acto negativo.

Primero viene la emoción y como consecuencia de ella, surge el acto. Un niño se pellizca, se golpea, llora, pega a otros o está preocupado después de experimentar ciertos sentimientos.

El juego

El juego es la actividad preferida del niño, y además hay que destacar que es la que mejor sabe realizar estando solo.

Hojas de papel, construcciones, muñecas, jugar a reproducir los acontecimientos que le rodean o plastilina son algunos de los elementos que empezarán a fascinar a nuestro hijo.

A partir de los tres años, nuestros hijos ya empiezan a ir y venir por toda la casa. Todo lo relacionado con la arena y el agua les encanta. Con estos ingredientes son capaces de realizar pasteles imaginarios, además les fascina el uso del triciclo, y podemos encontrarlos hablando con amigos o compañeros de juegos imaginarios.

A partir de los tres años, comienzan a realizar sencillas y simples construcciones con piezas muy simples.

Con el paso del tiempo, empezarán a preferir jugar con otros compañeros, a la vez que conocen nuevos amigos. Es usual que adopten determinados papeles, y les encanta disfrazarse.

Cada vez más, buscan en el juego, un modo de superación, y es muy recomendable reconocerle sus éxitos en los mismos.

Entre los cinco y seis años, comenzará a realizar sus primeros recortes de papel. Estará entonces capacitado para recortar y pegar, siempre con materiales o utensilios adaptados a sus exigencias. Para eso debemos vigilar que tijeras y otros elementos sean lo suficientemente seguros para su manejo.

El mundo de los materiales de papelería, será todo un descubrimiento, y es capaz de dedicar varios días a proyectos concretos.

El descubrimiento de sus habilidades, también genera pequeñas rivalidades entre sus compañeros, que hará reforzar su estímulo. Además los padres podemos ayudar a desarrollar determinados juegos que enriquecerán de forma decisiva la educación de nuestro hijo.

En la evolución en el juego observaremos que nuestro hijo, hasta los tres años empieza a descubrir sus posibilidades en el apa-

3 AÑOS	Juego individual.	Empieza a descubrir sus posibilidades.
A PARTIR DE 3 AÑOS	Juego espectador.	Observa a otros niños.
4 AÑOS	Imitación del juego.	Utiliza de forma activa los primeros juguetes.
5 AÑOS	Juego compartido.	Los niños comparten los juguetes.
6 AÑOS	Cooperación en el juego.	Realizan actividades juntos.

sionante universo de los juegos. El niño ya es consciente de las formas y colores que le llaman la atención.

A partir de los tres años nuestro hijo observa a otros niños de otras edades en sus juegos, y comenzará poco a poco a imitar estas acciones. Además empezará a utilizar de forma activa los primeros juguetes.

Con el paso del tiempo, el niño empezará a compartir sus juguetes y los de otro. Y finalmente con seis años, comienzan a realizar actividades de forma cooperativa, compartiendo tanto los juguetes como los juegos.

En esta etapa de cooperación en el juego, empiezan a manifestarse las primeras relaciones sociales del pequeño. Se observa que hay niños más populares que otros, y a la vez, otros que son rechazados. Estos últimos son los que muestran conductas sociales más agresivas.

HABILIDADES SOCIALES EN EL JUEGO

Los niños que se integran mejor en la etapa del juego cooperativo con el resto de niños, se caracterizan por realizar acciones como compartir información, realizan comentarios interesantes sobre lo que sucede en el grupo. Además se interesan por lo que sucede y no intentan imponerse. Sus primeras habilidades con el grupo empiezan a tener cabida en su desarrollo personal.

Una de las habilidades más relevantes observadas en las relaciones del juego en grupo son la estrategia para mantener las relaciones, ayudando y conservando la información, siendo receptivos a las iniciativas de otros niños.

Una de las características que definen a un niño con habilidades en el juego, y en las relaciones con sus compañeros, son aquellas que tienen que ver con las estrategias para resolver los conflictos que se generan en el grupo.

Además, suelen despreciar las resoluciones agresivas en el seno del grupo y tienen un carácter conciliador.

ACTIVIDADES PARA REALIZAR CON NIÑOS DE ESTAS EDADES

ACTIVIDAD 1.ª
Matemáticas

Ahora no podemos olvidar el valor matemático que tienen los juegos de mesa comerciales para introducir al niño en los conceptos numéricos.

Todos los juegos que tienen dados, ruletas, tableros con números, cartas, etc. Son una buena forma de enseñar a reconocer los números, siempre y cuando las reglas sean sencillas.

El juego de la oca constituye una magnífica forma de aprender a contar mientras avanzan por el tablero para llegar a la meta. En este tipo de juegos están muy motivados y prestan una enorme atención a sus puntos y a los de los otros jugadores, por lo que una simple partida produce un montón de lecciones respecto al reconocimiento de los números.

Del mismo modo hay que pensar en la importancia que tiene reconocer los números en un juego de cartas para poder jugar. Como en cada carta, además del número se incluye la cantidad de corazones, tréboles, diamantes o picas que el número indica, el niño puede entender desde muy pequeño esta correspondencia.

Por supuesto no van a aprender a jugar al continental o la brisca, pero si se puede jugar con ellos a formar parejas o tríos.

ACTIVIDAD 2.ª
Lenguaje

A partir de esta edad podemos jugar con ellos a un juego muy divertido: ¿Cuál sobra? Se trata de formar grupos de tres palabras en los que dos de ellas rimen y una no.

Hay que pedirles que escuchen atentamente y descarten la palabra que no suena igual que las otras dos. Con la práctica llegarán a dominar esta técnica perfectamente. Este juego resulta muy entretenido especialmente en los viajes. Algunos de los grupos que se pueden usar:

Luna, cuna, oso.
Ojo, rojo, pepino.
Sopa, ropa, tela.
Vídeo, fresa, mesa.
Cartel, papel, lámpara.
Jardín, lata, mata.
Bombero, casa, florero.

ACTIVIDAD 3.ª
Percepción auditiva

Utilizaremos los sonidos que los niños producen por sí mismos, como aplaudir, patear, chasquear la lengua, silbar, imitar los sonidos que emiten los animales y hablar en voz alta o en voz baja.

Haremos que cierren los ojos y escuchen con mucha atención. Luego les pediremos que reproduzcan los sonidos que han escuchado.

ACTIVIDAD 4.ª
Percepción sensorial

Con este juego conseguiremos desarrollar su percepción sensorial. Sólo necesitamos algunos recipientes que contengan materiales que produzcan olores muy bien definidos, como ajo, espuma de afeitar, cebolla, perfume, pasta de dientes, limón, etc.

Cubriremos los ojos del niño con un pañuelo y tendrá que averiguar qué hay dentro de ese recipiente.

ACTIVIDAD 5.ª
Memoria y comprensión musical

A los niños les encanta aprender cosas nuevas y si aprenden algo en un idioma extranjero se sienten muy orgullosos. Enseñándoles alguna cancioncilla mejoraremos su memoria auditiva y su comprensión musical. La aprenderán enseguida y experimentarán una agradable y saludable sensación.

Nos valdría el siguiente ejemplo:

Frère Jacques, frère Jacques,
Dormez-vous? Dormez-vous?
Sonnez les matines,
Sonnez les matines,
Din don dan, din don dan.

Una vez que hayan conseguido aprenderla en francés, se la podemos traducir al castellano y la iremos cantando en francés y en castellano sucesivamente.

Fray Santiago, fray Santiago,
¿Duerme usted? ¿Duerme usted?
Toque lo maitines,
Toque lo maitines,
Din don dan, din don dan.

ACTIVIDAD 6.ª
Percepción visual

Con este juego vamos a conseguir desarrollar su percepción visual. Colocaremos al niño sentado de cara a la pared y nosotros nos colocamos justo detrás, advirtiéndole que no puede girarse. Con la ayuda de una fuente de luz, proyectamos sombras sobre la pared para que el niño averigüe de qué objeto se trata.

ACTIVIDAD 7.ª
Psicomotricidad

Para que hagan un poco de ejercicio y desarrollen su musculatura podemos jugar con ellos a realizar imitaciones del siguiente tipo:

Ahora somos bailarines, y bailamos.
Ahora somos corredores, y corremos.
Ahora somos conejitos, y saltamos.
Ahora somos payasos, y hacemos tonterías.
Ahora somos serpientes, y nos arrastramos.
Ahora somos pelotas, y rodamos.
Ahora somos pájaros, y volamos.
Ahora somos piratas, y luchamos.
Ahora somos ranas, y saltamos.
Ahora somos aviones, y volamos.

ACTIVIDAD 9.ª
Motricidad fina

Recortar es un excelente ejercicio para desarrollar la motricidad fina. Podemos comprar en una papelería unas tijeras especiales para niños pequeños, con las que no se pueden cortar y hacer que recorten con las tijeras líneas del siguiente tipo:

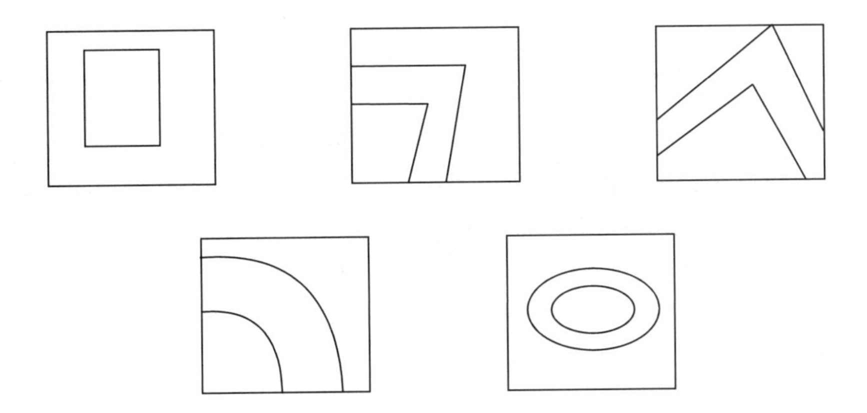

Estas líneas las dibujaremos en un folio en un tamaño grande y para que le resulte más divertido y lo tome como un juego, le diremos por ejemplo que lo que hay en el papel es un camino del cual no puede salirse pues si no, se perderá.

ACTIVIDAD 10.ª
Psicomotricidad

Con cartulinas de colores podemos realizar figuras: cuadrados, círculos, rectángulos, triángulos, etc. Y los colgaremos del techo con un hilo.

El ejercicio consistirá en que el niño baile al compás de la música y cuando se pare ésta, tendrá que tratar de tocar alguna de las figuras, y tendrá que permanecer tocándola hasta que diga correctamente su nombre y su color.

Este ejercicio contribuye al desarrollo de la musculatura.

ACTIVIDAD 11.ª
Psicomotricidad

Para el desarrollo de la coordinación óculo-manual, para el desarrollo de la musculatura y para reforzar las nociones numéricas podemos realizar el siguiente juego:

Ponemos un cubo en el centro de la habitación y jugamos con el chico a encestar objetos dentro del cubo, como bolas de papel, piedras u otro tipo de objetos que tengamos a mano.

ACTIVIDAD 12.ª
Motricidad fina

Los recortables son una de las actividades más apropiadas para realizar con chicos de cuatro años. Les encantan, los pueden colorear primero y luego recortar.

Las actividades plásticas

El arte infantil es una forma de expresión y de comunicación. Es una vía de manifestación de los estados afectivos del niño y una forma natural de pensamiento.

Es una necesidad del niño, útil para la estimulación de ciertos aspectos de su desarrollo por un lado, y para la adquisición de nuevas capacidades, por otro.

A través del arte, el niño explora la realidad y refleja el conocimiento que tiene de ella. Se expresa y se descubre a sí mismo.

El arte adulto se manifiesta intencionadamente, pero el arte infantil surge a través de una especie de impulso espontáneo sin premeditación alguna, de acuerdo a la edad y al nivel madurativo y de desarrollo del niño.

El arte infantil no entiende de estilos ni de tendencias estéticas. Se apoya en un juego de símbolos e imágenes que da lugar a un código iconográfico.

Ese código podrá ser descifrado por los niños que se encuentran en un mismo nivel de maduración.

EVOLUCIÓN DE LA EXPRESIÓN ARTÍSTICA

Para que el arte infantil aparezca es necesario que se den una serie de circunstancias naturales y sociales que afectan al desarrollo del niño.

Uno de estos factores es la edad. Todos los niños, llegados a los 18 meses, empiezan a realizar sus primeras representaciones artísticas en forma de garabato.

A partir de los 18 meses surgen estas representaciones no sólo por el placer que les produce el acto de garabatear, sino también por la naciente búsqueda de un soporte donde dejar huella, ya sea un papel, la pared, la tierra del parque, etc.

Otro de los factores es la tendencia innata que posee el niño al juego, y el arte es una forma de juego divertida y gratificante.

Un tercer factor es la necesidad que posee el niño de integrarse, y las manifestaciones artísticas son un esfuerzo de la humanidad para lograr una integración con el universo. El arte sirve como vehículo de representación de nuestro entorno más inmediato y contribuye a que las personas realicen representaciones de sí mismas.

Podemos considerar la expresión artística como parte fundamental en la socialización y adaptación de las personas.

El último factor lo constituye la comunicación, pues como ya sabemos, el arte es una clara forma de transmitir emociones. Cuando observamos un dibujo veremos cómo se hace evidente que el niño quiere comunicar algo a través de sus signos y formas. Su expresión artística responde a una necesidad de comunicación. El niño de forma consciente o inconsciente se dirige a alguien dando forma gráfica a su mensaje.

EL PROCESO CREADOR

La expresión plástica es una maravillosa documentación que nuestros hijos nos ofrecen sobre sí mismos y sobre su visión del mundo.

Su arte es una fuente directa de datos de gran valor. El niño realiza sus representaciones artísticas utilizando sus sentimientos, sus sensaciones y sus conocimientos, pero lo hace en el formato de la imagen que implica una forma particular de representación, introduciendo indicadores cognitivos que apuntan a una modalidad de la inteligencia que se desarrolla en el campo de las artes y no en otros.

Rosa, 3 años. Dibujo de línea a un color.

El dibujo infantil es una referencia al entorno en el que se desenvuelve el niño. El niño solo incluye en sus dibujos las cosas que mejor conoce y que más significativas son para él. Para sus representaciones, ellos consideran que sólo son suficientes algunas características generales de los objetos, y es así como los representan.

Sólo necesitan los rasgos esenciales de las cosas, su expresión pictórica no necesita más. Sus sentidos entienden la complejidad del mundo, pero sus dibujos tratan de simplificar esa complejidad.

El dibujo espontáneo no es una representación objetiva, sino un exponente de estados afectivos. El niño lo utiliza para representar sus miedos, sus preferencias, sus deseos, sus frustraciones y los productos de su imaginación.

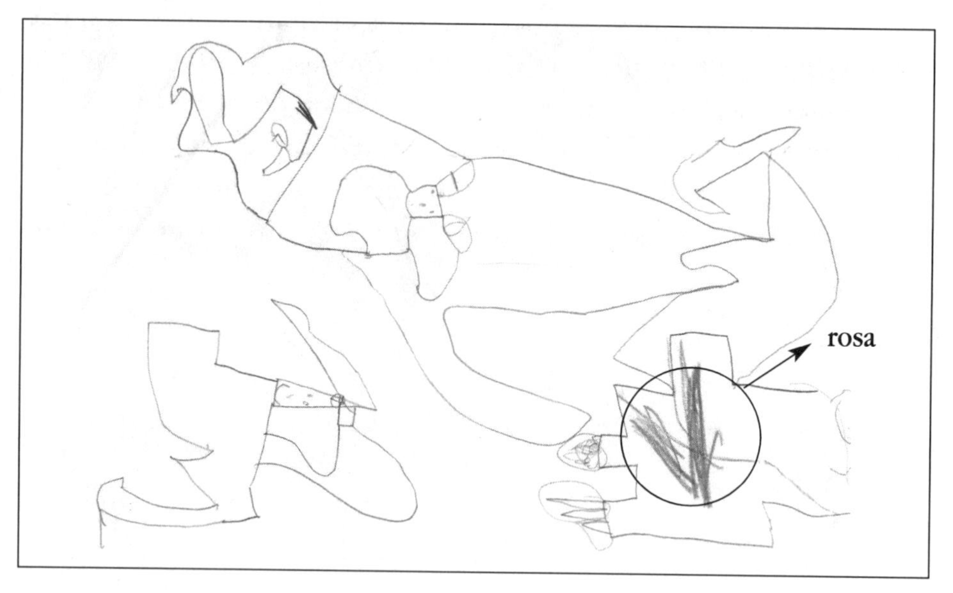

Patricia, 4 años. Dibujo de línea en negro con un toque de color rosa.

En el proceso creador, el niño realiza un ejercicio de unión entre su pensamiento, su sentimiento y su percepción, con lo que se deduce claramente que a través de la actividad artística se favorece el crecimiento de tres áreas importantes en el desarrollo global: la cognitiva, la afectiva y la perceptiva.

LA ENSEÑANZA ARTÍSTICA

Para el respeto y educación adecuados de nuestros hijos, debemos favorecer sus representaciones propias, descartando las copias.

Nunca debemos obligarlos a reproducir composiciones creadas por otras personas, pues, de esta manera, le estamos privando, en realidad, del proceso creador.

El niño lógicamente va a sentirse cómodo coloreando y copiando dibujos, pero realmente eso carece de valor artístico y educativo.

La copia no promueve ni la habilidad, ni la disciplina como se decía. El arte infantil debe ser espontaneo y verdadero.

Pero tampoco se trata de abandonar al niño a la autoexpresión, sino que debemos facilitar las condiciones psíquicas y materiales que estimulen su arte.

Rebeca, 5 años. Dibujo de línea en negro con masas de 2 colores y línea azul.

CARACTERÍSTICAS DEL ARTE ESPONTÁNEO

- El arte libre y espontáneo coincide con el nivel madurativo del niño, con sus intereses y sus expectativas.
- El arte propio del niño contribuye a que éste desarrolle su pensamiento de forma independiente y que forme su universo simbólico personal.
- Cuando el niño se introduce en un proceso creativo, hay una implicación afectiva por parte del mismo.
- El arte espontáneo lleva consigo una libertad y una flexibilidad en la búsqueda de estrategias cognitivas o estéticas.

- Este tipo de arte necesita de una adaptación a nuevas experiencias y nuevos medios, es cambiante e innovador.

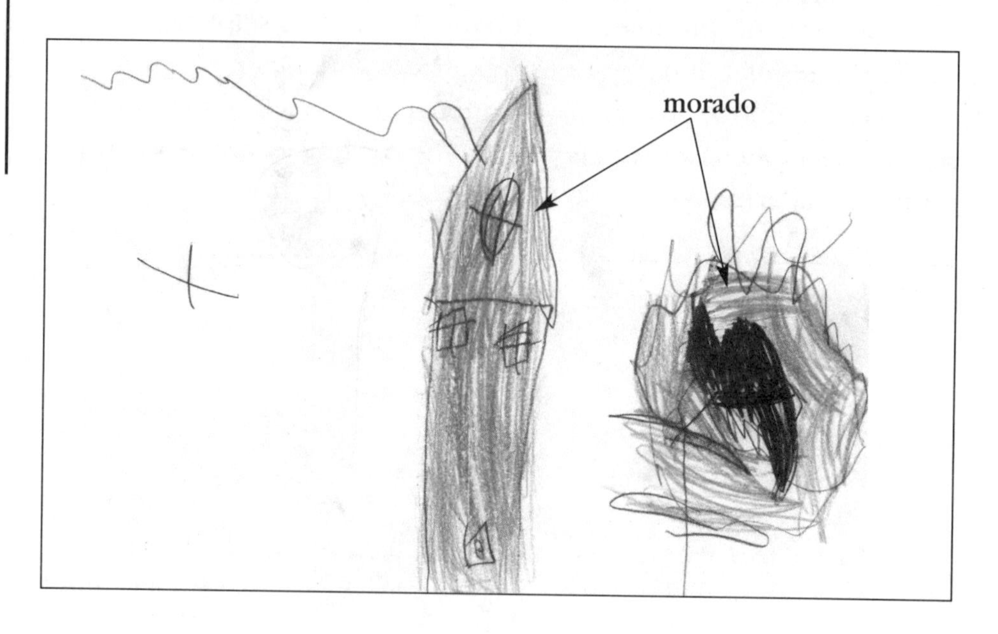

Cristina, 4 años. Dibujo de línea en negro y coloreado en morado.

CARACTERÍSTICAS DE LA REPRODUCCIÓN, IMITACIÓN O COPIA

- En este caso las expresiones son ajenas al niño y a su nivel de maduración, así como a sus intereses y necesidades.
- Con este tipo de arte, lo que conseguiremos es que el niño desarrolle un tipo de pensamiento sometido, sin independencia, sin referencias subjetivas propias.
- No se implicará afectivamente y personalmente el niño con este tipo de imitación, no se introducirá en procesos creativos propios y personales.
- No podrá el niño plantear estrategias propias en el plano cognitivo, afectivo o estético. Se verá inhibida o limitada su producción artística.
- Este tipo de arte, si así se puede llamar, lleva consigo la adherencia a líneas preestablecidas y a formas ajenas.

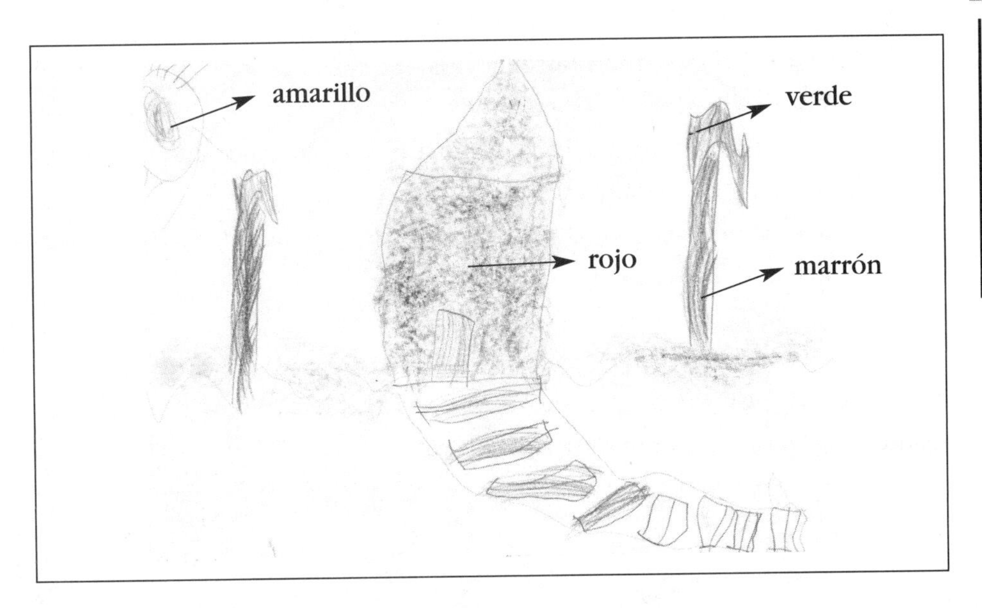

Carlos, 5 años. Dibujo de línea en negro con los colores adecuados.

El arte libre, además, promueve la creatividad, algo que será esencial para la vida adulta de nuestros hijos, pues les ayudará a resolver todo tipo de problemas que se les planteen.

El arte debe impulsar al niño al pensamiento flexible. Debe servir, como afirma Eisner, para dar intensidad a las particularidades de la vida. Debe servir para formar una mente crítica y un conocimiento experiencial y creativo.

Si te paras a observar los garabatos de tu hijo de dieciocho meses te resultará una especie de caos algo sucio y desordenado. Probablemente no le prestas mucha atención, pues te parece un tanto inútil e intrascendente.

Nada más lejos de la realidad. Desde los dieciocho meses hasta los tres años, tu hijo establece las bases psicomotrices para el dibujo y la escritura, es decir, las herramientas para el pensamiento, la autoexpresión y la comprensión del mundo que le rodea. Para que este proceso se lleve a cabo, es necesario que se den una serie de factores:

- El movimiento o la capacidad cinestésica que supone para el niño una satisfacción.

- La causalidad mediante la cual el niño se relaciona con el medio y es capaz de modificarlo.
- La significación, es decir, la posibilidad de fijar algo de forma gráfica y convertirlo en un signo.
- La codificación: sustituir el concepto por una imagen que significa lo mismo.

Los tres primeros factores son imprescindibles, el cuarto comenzará a definirse en este período pero no se consolidará hasta el siguiente estadio de realismo conceptual.

Rebeca, 5 años. Dibujo de línea en negro con los colores adecuados.

LA ETAPA EXPERIMENTAL (DE CUATRO A SEIS AÑOS)

A lo largo de esta etapa se produce un proceso de codificación, mediante el cual el niño configura los equivalentes gráficos de seres y cosas.

Se genera poco a poco una semiología particular basada en la imagen. A estas alturas, el niño ya es capaz de crear su propio vocabulario gráfico.

Este vocabulario está formado por términos inconfundibles, por referentes concretos: el árbol, el niño, siempre se podrán identificar.

En realidad, el garabateo de los niños, que comenzó siendo un placer, ahora se está convirtiendo en una comunicación, una comunicación que se está organizando a través del lenguaje iconográfico.

Manolo, 4 años. Dibujo de línea en negro con variedad de colores.

Las características más importantes de esta etapa del niño son:

- La experimentalidad.
- En algunas ocasiones, cierta persistencia injustificada de trazos cinestésicos (garabatos).
- La evolución continua.
- la organización en unidades espaciales: por ejemplo, la casa con ventanas, puertas, chimenea o la cara con ojos, nariz, boca, orejas, etc.
- La creación intencionada y selectiva de los iconogramas.
- La formación gradual de las relaciones direccionales: arriba-abajo, delante-detrás.
- La formación de los conceptos de unidades de medida: uno-muchos, largo-corto, etc.
- El carácter enumerativo.
- El paso del nexo verbal al nexo gráfico.

Román, 4 años. Dibujo de línea con rellenos de color.

Realmente estamos en un estadio de predominio iconográfico en el que la expresión de la forma se produce en dos niveles:

- Nivel no figurativo.
- Nivel figurativo.

El primer nivel lo constituyen los restos de las etapas anteriores por las que pasó el niño y, poco a poco, este nivel se va integrando en el segundo nivel figurativo. Pero mientras tanto, podremos observar en los dibujos de niños de esta edad la combinación de ambos niveles.

Patricia, 4 años. Dibujo de línea con colores básicos.

En el dibujo anterior podemos observar que aún existen muchos elementos del nivel no figurativo, es decir, los ideogramas, combinados con iconogramas de nivel figurativo.

El iconograma es un concepto gráfico figurativo que se puede identificar y que tiene un carácter selectivo y unívoco.

El iconograma se consigue a través de la unión y distribución significativa de monogramas (óvalos, líneas, cuadrados, etc).

Blanca, 5 años. Dibujo de línea con una distribución aleatoria de los colores.

En la fase experimental, al principio, los dibujos poseen elementos que no se relacionan unos con otros y para poder entenderlos necesitamos las explicaciones del niño que los realizó si queremos interpretarlos correctamente.

Pero después, al final de esta etapa, los niños comienzan a dibujar con un nexo gráfico, de forma que para entender el dibujo, no necesitamos muchas explicaciones. Pintan normalmente al hijo con la madre o el padre y la madre junto a la casa y es más fácil entender lo que están tratando de representar.

La figura humana es el símbolo por excelencia, es el símbolo más importante, el símbolo mediante el cual el niño expresa sus propios sentimientos, su disposición psíquica y física.

Los primeros iconogramas que representan la figura humana, suelen estar formados por un óvalo que representa el cuerpo y un óvalo que representa la cabeza y algunos trazos longitudinales que representan los miembros.

Las formas circulares son las más universales y se ha comprobado que incluso aún sabiendo trazar otros diagramas, los niños prefieren el círculo para representar la figura humana. Para ellos el círculo no representa la redondez, sino la solidez.

Paquito, 5 años. Dibujo de línea en negro con caritas circulares.

Por otra parte, los trazos longitudinales expresan extensión y dinamismo. Al principio, la figura humana es genérica, no atiende a características especiales como la ropa, el color del pelo hasta el final del período.

La figura humana y otros iconogramas van evolucionando a través de la adición de símbolos complementarios. El niño va sumando las partes al todo, cada vez son más y mejores los detalles, cada vez el todo va siendo más complejo.

Ana Pilar, 5 años. Dibujo de línea en negro con colores adecuados y bien definidos.

En cuanto al espacio, aún no está definido claramente, ni tiene un orden estable, no hay relación de dependencia entre los iconogramas representados.

Las primeras relaciones direccionales que se establecen son las ortogonales. Al principio se observa solamente de forma parcial, pero después progresivamente, los dibujos empiezan a dar muestras de una total perpendicularidad.

Todos los elementos se sitúan buscando el ángulo recto con el borde inferior del papel, que le sirve al niño como referencia para su composición.

La ortogonalidad parcial, se observa en casi todos los dibujos de los niños de esta edad. Muchas veces vemos como dibujan la chimenea perpendicular a las líneas del tejado, con lo que les queda totalmente inclinada.

En la concepción del espacio que tiene el niño en este período, podemos distinguir:

- Un orden espacial interceptivo, que implica una organización significativa creada a base de monogramas. Este orden interceptivo es fundamental en este período, en el que el significado de las figuras tiene tanta importancia.
- Una distribución lógica de los símbolos, que normalmente busca la simetría para conseguir un mayor equilibrio.
- Nexos parciales, es decir, la relación directa de los iconogramas, ya sea por yuxtaposición como por superposición, inclusión, etc.
- Lógica compositiva situacional, es decir, la tendencia a establecer relaciones ortogonales globales.

Gabriel, 5 años. Dibujo de línea con los colores adecuados para el arco iris.

El niño realiza sus dibujos teniendo en cuenta dos dimensiones: la altura y la anchura. La profundidad aún no sabe plasmarla.

En resumen, los aspectos de distribución espacial importantes en esta etapa son:

- Organización interceptiva.
- Distribución significativa.
- Simetría.
- Lógica direccional básica.
- Adquisición del concepto uno-muchos.
- Adquisición del concepto dentro-fuera.
- Adquisición del concepto arriba-abajo.

Todas estas relaciones se establecen inicialmente de forma parcial y luego poco a poco se van extendiendo globalmente.

Ana, 5 años. Dibujo de línea con una perfecta distribución de los colores.

En esta etapa, al igual que en la anterior, aún no existe una elección intencionada del color. El niño utiliza en sus dibujos los colores

Willina, 5 años. Dibujo de línea en negro con destacados en color.

que más le gustan, no los que realmente corresponden a cada cosa, y en muchos casos no colorea todo el dibujo, sino únicamente las partes que él considera más significativas.

En general los niños de esta edad utilizan los colores de forma mecánica, sin que realmente haya relaciones objetivas entre el color y el objeto a colorear.

La sexualidad

La educación sexual para los niños de estas edades es totalmente imprescindible, teniendo en cuenta el tipo de sociedad en la que vivimos. Todo el mundo parece estar muy bien informado, pero a juzgar por datos objetivos, no es así: hay altas dosis de desconocimiento al respecto en jóvenes y adultos.

Recuerdo hace unos años, cuando con la Sociedad Sexológica Malagueña, pasamos una serie de cuestionarios sobre sexualidad en los Institutos de Enseñanza Secundaria y los resultados eran abrumadores, el desconocimiento de los jóvenes era realmente sorprendente.

Las familias sexualmente sanas, educan hijos sexualmente sanos, que a su vez en el futuro se convertirán en adultos también sexualmente sanos.

Los niños sexualmente sanos aceptan su propio cuerpo, respetan a las personas de ambos sexos, comprenden el significado de la intimidad, toman decisiones de acuerdo a su edad y se sienten libres para preguntar y dialogar con sus padres sobre sexualidad.

Por ello, debemos enseñar a los niños a conocer y a aceptar su propio cuerpo, a pedir ayuda cuando la necesiten, a buscar información y a tratar desde muy pequeños este tema con absoluta naturalidad, todo ello, con objeto de promover un desarrollo íntegro de la personalidad y para que sean capaces de establecer con los demás relaciones sanas y satisfactorias.

Se les debe enseñar también a evitar la discriminación de género y a que formen una identidad sexual adecuada.

Una buena educación sexual debe procurar desarrollar en los niños los siguientes aspectos:

- El conocimiento del propio cuerpo y el de los demás.
- El desarrollo de las capacidades sensoriales.
- Igualdad de oportunidades para ambos sexos.
- El fomento de la expresión de los sentimientos independientemente del sexo que tenga.
- La desaparición de los estereotipos.
- El fomento de las destrezas relacionadas con las labores domésticas para ambos sexos por igual.
- El uso de los mismos juguetes para ambos sexos.
- La familiarización con el vocabulario correcto.

EL DESCUBRIMIENTO DEL PROPIO SEXO

Dentro del conocimiento de uno mismo, se incluyen dos conceptos básicos: la identidad sexual y la identidad de género, ambos imprescindibles para el proceso de socialización del niño. El primero de los conceptos se refiere a la autoclasificación como niño o niña, y el segundo, hace referencia al papel asignado por nuestra sociedad a las mujeres y a los hombres.

Alrededor de los dos años, el niño empieza a tener intereses tipificados, prefiere los juguetes y la vestimenta típica de su sexo, sabe que existen elementos diferenciales del niño y la niña, y además sabe que él pertenece a una de esas categorías.

Antes de los tres años, se autoclasifican con toda claridad como niño o niña y usan con bastante corrección los pronombres personales correspondientes.

A partir de los tres años, rechazan los juguetes o las ropas propias del otro sexo y empiezan a organizar toda su vida de acuerdo a lo socialmente esperado, forman grupos de amigos de su mismo sexo y suelen menospreciar a los del otro sexo. Es por ello, por lo que este tema es objeto de educación sexual.

Hasta los seis años de edad, los niños piensan que son niños o niñas por su vestimenta, no por las diferencias propias del cuerpo humano y además hasta los cuatro años, creen que pueden cambiar de identidad sexual en cualquier momento. Es frecuente oír a los chicos decir que de mayores quieren ser mamás y a las niñas que quieren ser papás.

A partir de los seis años, adquieren la constancia del sexo. Son realmente conscientes de que su sexo es algo permanente, una característica de por vida.

LA TIPIFICACIÓN SEXUAL

Cuando los niños se identifican claramente con su grupo sexual comienza el aprendizaje social de la identidad de género.

Este aprendizaje se produce de forma muy distinta según las diversas teorías que existen. Para los psicoanalíticos son los miedos y las fantasías los que inducen a los niños a identificarse con los de su mismo sexo.

Según la teoría de aprendizaje social, este comportamiento se adquiere a través de refuerzos positivos y negativos y a través de la imitación de conductas y reproducción de modelos que observan fuera y dentro de casa.

Para las teorías cognitivas los niños pequeños van construyendo muy lentamente una comprensión del género que les lleva a comportarse de forma apropiada a cada género.

En cualquier caso, la tipificación sexual es el proceso a través del cual el niño o la niña adquiere pautas comportamentales propias de uno u otro sexo.

En este proceso se relacionan los siguientes factores:

- La edad y el nivel de desarrollo.

A medida que adquieren un mayor nivel de desarrollo son más capaces de discriminar todo lo relacionado con su sexualidad.

- El sexo.

Los niños son más rígidos y funcionan más a base de estereotipos que las niñas. Muchas niñas son capaces de jugar al fútbol, pero pocos niños son capaces de jugar con muñecas.

- El tipo de familia.

Cuando los padres funcionan de forma igualitaria, los niños adquieren una visión de los roles más adecuada.

¿CÓMO EVITAR LA DISCRIMINACIÓN DE GÉNERO?

Trataremos de no reproducir el sexismo lingüístico y cultural que puede aparecer en la lengua escrita o hablada.

Seleccionaremos minuciosamente para nuestros hijos, los vídeos, los libros y los cuentos siguiendo el criterio de la no discriminación entre los sexos.

Trataremos de que se relacionen en grupos mixtos y de que desarrollen las mismas destrezas corporales sin tratamientos diferenciales por razones de sexo.

Actuaremos por tanto, desde una perspectiva que fomente la igualdad, sin tendencia a un igualitarismo absurdo, sino asumiendo las características diferenciales de cada persona.

- En los juegos y juguetes:
  - Ofreceremos a los niños y a las niñas una amplia gama de objetos para que puedan realizar juegos de todo tipo.
  - Procuraremos que desarrollen juegos cooperativos y no tan competitivos.
  - Fomentaremos todo tipo de juegos en ambos sexos y trataremos de desbloquear situaciones de fijación con ciertos juguetes y juegos.

- En los libros:
  - Los buscaremos comprobando si difunden el sexismo o no, analizando si contienen formas o expresiones sexistas.
  - Observaremos si aportan caracteres sociales y culturales estereotipados como profesiones, actividades, cualidades, defectos, etc.

- En los medios de comunicación:
  - Seleccionaremos con especial atención los programas de televisión que no contengan mensajes sexistas.
  - Desarrollaremos en nuestros hijos un espíritu crítico para que ellos mismos puedan discernir los elementos sexistas que les ofrece el mundo que les rodea.

- En el día a día:
  - Enseñaremos a los niños hábitos que por cultura pertenecen al sexo femenino y a las niñas hábitos que por cultura pertenecen al sexo masculino.
  - Evitaremos que otros adultos, como los abuelos o tíos, transmitan actitudes sexistas a nuestros hijos.

¿SOMOS PADRES SEXISTAS?

El siguiente cuestionario nos puede ayudar a tener más claros los valores que queremos transmitir a nuestros hijos en materia de sexualidad. No hay aciertos y errores, simplemente se trata de que seamos conscientes de nuestras propias creencias. Sólo tenemos que responder si o no a las siguientes cuestiones y después reflexionar sobre ello.

1. ¿Deben jugar los niños y las niñas con los mismos juguetes?

❑ Sí

❑ No

2. ¿Soportaría realmente si mi hijo en el futuro me dijera que es homosexual?

❑ Sí

❑ No

3. ¿Me molesta que mi hijo me vea sin ropa?

❑ Sí

❑ No

4. ¿Piensas que deben ser los padres los que enseñen a los hijos los asuntos relacionados con la sexualidad?

❑ Sí

❑ No

5. ¿Puede ser negativo enseñar a los niños cosas sobre sexo demasiado pronto?

❑ Sí

❑ No

6. ¿Es positivo que se diferencien desde pequeños las niñas de los niños?

❑ Sí

❑ No

7. ¿Es negativo que los padres peleen delante de sus hijos pequeños?

❑ Sí

❑ No

8. ¿Me molesta que mi hija de seis años hable de chicos y novios?

❑ Sí

❑ No

9. ¿Se le debe enseñar a los niños desde pequeños el nombre correcto de los genitales?

❑ Sí

❑ No

10. ¿Me parece mal que los niños y las niñas de seis años se duchen juntos?

❑ Sí

❑ No

11. ¿Me molesta que los dibujos animados muestren imágenes sexistas?

❑ Sí

❑ No

12. ¿Voy a transmitir a mis hijos que no deben tener relaciones hasta el matrimonio?

❑ Sí

❑ No

13. ¿Me molestaría que mi hijo varón quisiera llevar el pelo largo?

❑ Sí

❑ No

14. ¿Puede llegar a ser negativo darle muchas muestras de cariño a los niños a partir de ciertas edades?

❑ Sí

❑ No

15. ¿Me molesta que mi hija lleve ropa que se pueda considerar provocativa?

❑ Sí

❑ No

16. ¿Me molesta que mi hijo no realice algunas tareas domésticas por considerarlas propias del otro sexo?

- ❑ Sí
- ❑ No

17. ¿Creo que los chicos no deben salir en pandilla hasta que no sean mayores?

- ❑ Sí
- ❑ No

18. ¿Debemos los padres vigilar las lecturas de los niños desde pequeños?

- ❑ Sí
- ❑ No

ALGUNOS ASPECTOS IMPORTANTES A TENER EN CUENTA

Cuando hablemos de sexualidad con nuestros hijos, tenemos que recordar y tener en cuenta lo siguiente:

- No es malo que nos sintamos algo incómodos cuando hablamos de sexualidad con nuestros hijos, es normal.
- Es importante que tengamos claros los valores que queremos transmitirles a los niños para no caer en la incoherencia.
- Debemos buscar los momentos oportunos para hablar con ellos de estos temas, cuando sepamos que nos van a entender y que van a prestar atención.
- Tenemos que adaptar nuestro vocabulario a la etapa de desarrollo evolutivo en la que se encuentra nuestro hijo.
- Hay que educar a los niños y a las niñas de la misma forma. La igualdad tiene que empezar en el seno de la familia.
- No tenemos que esperar a que sean ellos los que nos pregunten, pues algunos no lo hacen nunca. Tenemos que abordar el tema nosotros.

- La sexualidad deben enseñarla tanto los padres, como las madres, no es una labor que corresponda sólo a las madres, como algunos piensan.
- Tenemos que apreciar y respetar el tipo de preguntas que nos hacen, aunque en algunos casos nos parezcan absurdas.
- No basta con proporcionarles la información, es necesario el diálogo con ellos.
- No tenemos que preocuparnos si en alguna de nuestras conversaciones nos equivocamos, pues seguramente lo podremos arreglar de alguna forma.
- Y lo más importante: hay que predicar con el ejemplo.

LO QUE SE LES DEBE TRANSMITIR DESDE MUY PEQUEÑOS

- Los niños deben besarse y abrazarse, pues eso es algo realmente maravilloso.
- No es malo que los niños sientan curiosidad por el cuerpo.
- Cada persona es dueña de su propio cuerpo y nunca debe hacer con él algo que no quiera.
- Los chicos y las chicas pueden ser muy buenos amigos.
- Todas las personas necesitan tener a otras personas que les quieran.
- Es bueno contar a los demás nuestros sentimientos.
- Amar a otras personas nos hace sentirnos bien.
- Las personas deben dar y recibir amor.

LOS JUEGOS SEXUALES

Los juegos sexuales en los niños pueden ser inocentes o problemáticos. Para saber si conllevan algún tipo de problema, podemos regirnos por el siguiente sistema, que nos va a permitir hacer una primera evaluación.

Valoración de los juegos sexuales

	Inocentes	Problemáticos
Edad	La misma.	Más de tres años de diferencia.
Se muestran	Muy curiosos y contentos. Se ríen.	Temerosos, agresivos, retraídos, enfadados, etc.
Realizan	Se quitan la ropa, juegan a los médicos, se enseñan el cuerpo.	Uno fuerza a otro. Penetración con dedos u objetos.
Si los padres los sorprenden	Se acaba el juego, pero sin ningún problema.	El juego continúa pero siempre a escondidas.

Algunas reflexiones y consejos

SOBRE JUEGOS Y JUGUETES

Para aprender es necesario jugar. Mediante el juego los niños se relacionan con los demás, aprenden a conocer el mundo que les rodea y se acostumbran a conocerse a sí mismos.

A todos los niños les encanta estar juntos, pero hasta después de los dos años y medio, no son capaces de compartir todavía juegos o juguetes.

Cuando comienzan ir al colegio se inician las relaciones con los demás niños, pero además conviene que se relacionen con otros niños en el parque, o en el vecindario.

Aprenderá a jugar al corro, al escondite, a disfrazarse, a actuar e imitar las conductas de las personas que viven a su alrededor.

A partir de los cuatro años están muy interesados por aprender cosas nuevas y como el control motriz es casi perfecto, ensayarán todo tipo de piruetas y se montarán en bicicletas, coches y patinetes.

Los juegos al aire libre son muy indicados para esta edad. También serán capaces de jugar con juegos de construcción complicados, pistas de trenes o coches. Es el momento de iniciarle en los juegos de mesa (la oca, el dominó, el parchís, etc.).

LA ÉTICA

La ética, como cualquier otra faceta del desarrollo, es objeto de aprendizaje. Entre los cuatro y los seis años, y siempre dentro del campo de la ética, el niño todavía no está capacitado para realizar actos voluntarios y libres.

Su criterio sobre cómo obrar, sobre lo que está bien o está mal, depende de la autoridad. Es decir, de lo que para papá o para mamá es bueno o es malo.

En su visión animista del mundo, las cosas se alían con esa autoridad como si tuvieran una especie de justicia inmanente.

Por eso, en esta etapa, es muy importante que en determinados aspectos vuestro hijo os tenga como punto de referencia de autoridad.

Por supuesto, no es sinónimo de autoritarismo. Más bien, debe ser una autoridad cercana y comprensiva, pero coherente.

Si cambiáis vuestro criterio cada dos por tres y hoy le castigáis por pegar a su hermanito, pero mañana no le dais importancia, la autoridad perderá coherencia y le costará saber qué es lo que está bien y qué es lo que está mal.

El reflexionar previamente sobre las cosas que son realmente importantes puede ayudaros a establecer un criterio.

Con las cuestiones más relevantes debéis ser siempre inflexibles. Si «no se pega», no se puede pegar nunca. Ni él a otros niños ni vosotros a él (un cachete como amenaza o como último recurso tampoco vale).

Pero si, por ejemplo, el orden de sus juguetes no te parece algo realmente importante, no debes castigarle por ser desordenado.

Bastará con que siempre le ayudes a recoger su habitación para que comprenda cuál es la importancia de ser ordenado.

EN VERANO

Antes de programar las vacaciones de tu hijo, hay que tener en cuenta la edad y su grado de madurez para elegir las actividades más adecuadas para este periodo, sobre todo si necesitas que éstos pasen unos días solos.

Las vacaciones escolares son, en ocasiones, incompatibles con el período de descanso de los padres. Por eso hay que organizar el tiempo que pasen fuera de casa y, por supuesto, los días en los que podréis disfrutar juntos.

LOS COLEGIOS DE VERANO

Son a partir de tres años. En la mayoría de los ayuntamientos existe la posibilidad de continuar durante los meses de verano en el colegio, eso sí, sin tener que estudiar. Se organizan actividades muy variadas, con excursiones o salidas a la piscina.

Los profesores son monitores de tiempo libre y en muchos casos se aprovechan las instalaciones del centro escolar, incluido el comedor, lo que permite mantener los horarios ajustados con las jornadas laborales.

Los niños no cambian de escenario y participan en múltiples actividades posiblemente con compañeros del mismo colegio. Los precios suelen ser muy asequibles.

Inconvenientes: seguirán levantándose muy temprano también durante estos meses.

LAS LUDOTECAS

A partir de 12 meses. Las ludotecas son espacios concebidos para jugar, llenos de juguetes y pensados para que los niños se relacionen entre sí.

Suelen estar dirigidas por personal especializado y organizan juegos y, a veces, excursiones o visitas a museos.

Los precios varían mucho entre las públicas y las privadas, aunque en ambas los niños pueden pasar varias horas junto a los monitores. En el Ayuntamiento informan sobre las más cercanas al domicilio.

Ventajas: aprenderán jugando y no dejan de relacionarse con otros niños de su edad.

Inconvenientes: los horarios no son tan flexibles como ocurre con otras opciones.

CAMPAMENTOS DE VERANO

A partir de seis años, pasar unos días en contacto con la naturaleza alejados de la familia puede ser una aventura fascinante.

Aunque algunas organizaciones admiten a niños más pequeños, la mayoría limita la edad partir de los seis años.

Es importante conocer antes cómo se organizan estos campamentos, quiénes serán los monitores, así como el lugar dónde se va a llevar a cabo.

Antes de comenzar el campamento, suele haber una reunión con los padres donde se especifica el material necesario y las actividades que los niños van a desarrollar.

El campo o la playa y el contacto con nuevos amigos, les hace «madurar» y enfrentarse a situaciones muy especiales.

Inconvenientes: no todos los campamentos de verano reúnen los requisitos de calidad imprescindibles para que todo marche adecuadamente. Es necesario conocer a los organizadores y hacerse con referencias antes de inscribir a los pequeños.

ACTIVIDADES DEPORTIVAS

Desde los cuatro años, muchos polideportivos organizan diversos cursos durante el verano para que los niños puedan pasar un rato divertido aprendiendo algún deporte.

Los más frecuentes son la natación y el tenis, pero muchos amplían su oferta con el golf, la danza o la hípica.

Ventajas: el buen tiempo favorece el aprendizaje de estos deportes y a los niños les suele gustar pasar el día al aire libre.

Inconvenientes: no todos los centros deportivos tienen actividades adecuadas para cada edad, lo que limita enormemente su uso.

LA HIGIENE

Éste es un buen momento para abandonar el baño y comenzar con la ducha diaria. Es muy probable que al principio necesite ayuda, recomendaciones y supervisión, pero una vez que se hayan establecido las normas básicas, en muy poco tiempo será capaz de ducharse solo.

Es bueno establecer esas normas con anterioridad y repasarlas durante algunos días antes de dejar que se duchen solos. Hasta que comprobemos que se han aprendido y asimilado completamente, debemos seguir siempre el mismo orden. Se puede hacer coincidir con su cumpleaños o con alguna otra fecha destacada y remarcar el hecho de que ya es mayor.

No le dejes completamente solo durante algún tiempo hasta que estéis seguros de que se manejan con soltura para entrar y salir de la bañera, encender el grifo, regular la temperatura del agua o cualquier otra circunstancia que pueda resultar peligrosa.

Aunque pueda necesitar vuestra ayuda para algunas cosas, como por ejemplo lavarse la cabeza, ser capaz de asearse solo le dará más autonomía y mayor seguridad en sí mismo. Al principio, déjale que pase un ratito más largo de lo normal bajo el agua, pero sin exagerar. Acaba de perder el momento del baño, que para ellos, suele ser divertido y relajante. Ahora debe aprender a disfrutar de la ducha y a relajarse y limpiarse correctamente como le has enseñado.

LA IMAGEN PERSONAL

La percepción que tenemos de nosotros mismos viene dada en gran medida por lo que los demás piensan al vernos y las impresiones que nos transmiten. Esto también les ocurre a los niños.

Si piensas que tu hijo es muy gracioso se lo harás llegar de diferentes maneras y él intentará responder manteniendo ese rol de simpático y divertido porque sabe qué es lo que se espera de él.

Éste es uno de los motivos por el que debe comenzar a cuidar su imagen personal. Su relación con los otros, con las cosas que hace, consigo mismo.

Si aprende a ser cuidadoso y positivo y a tener una buena imagen de sí mismo, su autoestima crecerá y su equilibrio psicológico se verá reforzado.

La limpieza no sólo se debe tener en cuenta a la hora del baño, sino en todas las actividades del día.

Si hace un dibujo no debe emborronar la hoja y dejar luego sus huellas por toda la casa, ni revolcarse con la ropa limpia por el suelo del garaje o limpiarse la boca con la manga del jersey.

No importa tanto el resultado como la intención. Si se mancha puede lavarse luego, pero debes insistir en la importancia de hacer las cosas con esmero.

A la larga, estos pequeños detalles le ayudarán a cuidar su imagen personal.

Por supuesto, ya es hora de que se vista solo. Tal vez tenga problemas con algunos pequeños detalles como los cordones de los zapatos o los botones de las mangas y la espalda. Puedes dejar que decida qué ropa se quiere poner los fines de semana.

Eso también le ayudará a «sentirse guapo» y a valorar su imagen. Pero si le dejas escoger, tienes que ser consecuente y debes dejar que se ponga lo que quiera, aunque a ti no te guste.

Si prefieres evitar ese problema, dale a escoger sólo entre dos opciones: el pantalón azul o el verde; el vestido amarillo o las bermudas grises. Poco a poco irá aprendiendo a conjuntar su vestuario y desarrollará su propio estilo.

Pero también debes tener en cuenta que hay que vestirse de forma distinta para cada ocasión. No le pongas de punta en blanco para ir al parque o a una excursión. En estos casos es mejor llevar ropa de diario, fácilmente lavable y que no importe romper o ensuciar más de la cuenta.

No siempre hay que ser «don perfecto». Algunos momentos son para desfogarse y jugar libremente, sin prestar demasiada atención a rozarse una rodillera o engancharse un calcetín.

SU FORMA DE PENSAR

En su afán por aprender, los niños se toman a sí mismos como marco de referencia. No son capaces de ponerse en el lugar de otro y organizan el mundo en base a su experiencia.

No tienen conceptos generales, como tenemos los adultos. Las cosas son lo que significan para ellos.

• Conoce a través de su experiencia: Las cosas son sólo lo que ellos han experimentado. Puede que si le preguntas a tu hijo: ¿Qué es un coche? La respuesta sea del tipo «un aparato con ruedas que conduce papá» (en el caso de que siempre sea papá quien conduce el coche).

No puede generalizar más porque su conocimiento está claramente marcado por sus experiencias. Estas definiciones que los niños dan para explicar el mundo que les rodea se conocen como «preconceptos».

Como es lógico imaginar, cada niño formula sus propios preconceptos, que no tienen por qué coincidir con los de los demás. De este modo y poco a poco van creando así su propio mundo mágico, a su medida.

Hasta ahora tu hijo no ha tenido necesidad de explicarse el mundo de otra manera. Sin embargo, al entrar en la escuela infantil y comenzar realmente la socialización con su grupo de iguales, encontrará otros niños con otros «preconceptos» diferentes a los suyos para explicar las mismas cosas. Esta situación, en la que diferentes mundos mágicos deben enfrentarse entre sí, constituye un paso importante para la madurez intelectual de tu hijo.

Le ayudará a perfeccionar la reflexión y el diálogo, fomentará su socialización y enriquecerá su visión del mundo.

El grupo de iguales es insustituible y debéis ir dándole pequeñas libertades para que consolide relaciones y conozca más amigos.

Sin embargo, tu también puedes ayudarle a adentrarse en la realidad. Intenta no correjirle siempre que descubras uno de estos preconceptos creados.

Simplemente, enfréntale a situaciones imposibles y deja que él las vaya resolviendo. Ayúdale a encontrar el camino, pero no se lo des todo hecho.

Enséñale a ver las cosas desde un punto de vista diferente al suyo. Podéis jugar al cambio de rol; él será el padre y vosotros seréis los hijos.

Ten en cuenta que el desarrollo intelectual de tu hijo no debe ceñirse sólo a los conceptos, sino también a los sentimientos, las emociones, el gusto... Fomentar en él actitudes como la empatía, la autoestima y el esfuerzo le ayudarán el día de mañana a enfrentarse a los retos intelectuales con sentido crítico, mentalidad abierta y confianza en sus propias posibilidades.

Procura enfrentarle a situaciones nuevas que le hagan ampliar su experiencia de la realidad. Excursiones a sitios desconocidos, juegos nuevos, teatro, títeres... Cuantas más experiencias tenga, mejor adaptará sus preconceptos a la realidad.

También a esta edad se hará más consciente de la distancia entre lo imaginario y lo real. Debes fomentar su imaginación con actividades lúdicas que capten su interés.

Una buena forma de hacerlo es la creación de cuentos. Proponle un tema y desarrollad la historia de forma alternativa. Cada uno seguirá el cuento en el punto en el que el otro lo dejó hasta que decidáis acabarlo.

¿POR QUÉ TIENEN MIEDO LOS NIÑOS?

Los niños tienen una percepción limitada del mundo que les rodea. Desde muy pequeños desarrollan miedos a determinadas situaciones.

Hay que tener en cuenta que la mayoría de los ruidos, personas y ambientes les son desconocidos y pueden provocarles diferentes niveles de ansiedad. Según van creciendo, pueden ir superando estos primeros miedos y sometiéndose a la influencia de otros nuevos.

Un factor que incide en la aparición de cierto tipo de miedos, como la angustia de separación de los padres, o el temor al abandono, es su escasa capacidad para medir el tiempo.

Cuando mamá se va de su lado no sabe cuánto debe esperar para volver a verla y aparece el miedo a la pérdida definitiva.

Al llegar a los tres o cuatro años, los miedos comienzan a ser también irracionales, y hacia los seis, predominan temores a monstruos, animales imaginarios, sombras que cobran vida o grandes peleas.

Muchos de estos miedos se ven inducidos por el ambiente externo, las series televisivas, las historias de los compañeros, etc. Estos miedos irracionales se combinan con otros más prácticos y reales, como el miedo a hacerse daño tras una caída, miedo a hablar en público o miedo a los animales.

Algunos temores infantiles están fundados en experiencias negativas y pueden servir a los padres como alarma para identificar situaciones de abuso, tanto por parte de adultos como por parte de compañeros de colegio.

CÓMO PUEDES AYUDARLE A CONTROLAR SUS TEMORES

DELIMITANDO LA CAUSA DEL MIEDO

Habla con tu hijo sobre sus miedos. Busca qué es lo que le asusta realmente, si el animal, el ruido que hace cuando ladra, los dientes, etc. Si puedes dividir el miedo en pequeñas parcelas será más fácil atacarlas y obtener pequeños logros y superaciones parciales.

QUITÁNDOLE IMPORTANCIA

Habla con él de las situaciones que le han asustado y réstales importancia pero sin ignorarlas.

Algunas veces el miedo puede ser tan intenso que no quiera atenerse a razones mientras esté sometido al estímulo.

En estos casos será bueno que busques otros momentos del día, cuando ambos estéis más tranquilos, para reflexionar sobre ello y obtener toda la información que puedas sobre lo que le está asustando realmente.

ENFRENTÁNDOOS JUNTOS AL PROBLEMA

Cuando tu hijo no sea capaz de hacer algo solo, intenta hacerlo con él para que pueda comprobar que no pasa nada. Si no quiere entrar a oscuras en su cuarto, dale la mano y entrad juntos.

INVENTANDO JUEGOS

Muchas veces, si les distraemos, el miedo desaparece. En el caso de la oscuridad puedes inventar juegos de espías con linternas o esconder tesoros de piratas que buscaréis juntos.

Cuando haya pasado por lugares oscuros dile lo valiente que ha sido y hazle notar que no ha pasado nada.

PREMIANDO SUS ESFUERZOS Y SUS LOGROS

Cada vez que avance un poquito en la superación del miedo, alaba su valentía y su decisión. Esto le animará a seguir intentándolo y le dará confianza en sí mismo.

DANDO INFORMACIÓN VERAZ

En muchas ocasiones los temores vienen dados por el desconocimiento y la falta de información. Es muy conveniente que avises a tu hijo y le prevengas de lo que va a suceder para que no le coja por sorpresa y sepa a qué atenerse cuando se presenten situaciones potencialmente estresantes.

El objeto de los temores infantiles es muy variado, pero existen algunos miedos ciertamente universales. Algunos de los que se presentan con mayor incidencia entre los cuatro y los seis años son el miedo a los animales y a los insectos, el miedo a la oscuridad, a los lugares cerrados o a los espacios abiertos, el miedo a los truenos y a las tormentas, el miedo a la muerte o el miedo a los desconocidos.

Algunos de estos miedos, como a las tormentas o a la muerte, pueden ser superados hacia los seis años y reaparecer más tarde con mayor virulencia. Pero mientras no constituyan un impedimento para desenvolverse con normalidad, no debes preocuparte. Si alguno de estos temores impide a tu hijo hacer una vida normal debes consultarlo con el pediatra y probablemente con un psicólogo o un pedagogo.

Las pesadillas son sueños terroríficos que provocan una alteración importante en el niño. Puede que tu hijo te llame a gritos en mitad de la noche porque un lobo le persigue y quiere comérselo. Cuando acudas a su lado podrá relatarte su sueño o partes de él. Lo habrá vivido como algo real y se sentirá realmente asustado.

Si estos sueños son muy frecuentes debes intentar buscar una posible relación con algún factor externo que los provoque.

Probablemente, estén relacionadas con algún acontecimiento como el inicio de la escuela, el cambio de domicilio, la llegada de un hermanito, etc.

Hablando sobre el problema y dándole un punto de vista positivo podrás ayudarle a superar el motivo de ansiedad y, probablemente, desaparezcan o se reduzcan significativamente las pesadillas.

Evitar la excitación excesiva en la última mitad de la tarde suele ayudar a tener un sueño más tranquilo y relajado. También es bueno ceñirse a un horario habitual y bien organizado.

Al contrario de lo que ocurre con las pesadillas, los terrores nocturnos no se recuerdan y, por lo tanto, no se pueden relacionar con ningún miedo concreto.

Son episodios de gran agitación en los que el niño puede llegar incluso a correr despavorido por toda la casa sin darse cuenta de que lo está haciendo.

Aunque no está totalmente demostrado, se cree que tienen relación con una etapa inmadura del sueño en la que se da cierta dificultad para pasar del sueño profundo al sueño ligero.

Si tu hijo sufre terrores nocturnos verás que es muy difícil despertarle, pero en cuanto comienza a tomar conciencia de dónde está se tranquiliza y vuelve a dormirse sin ningún temor. A la mañana siguiente no recordará nada. Los terrores nocturnos son menos habituales que las pesadillas pero igualmente normales.

No debes preocuparte si te ves en una situación parecida. Sólo algunos casos extraordinariamente persistentes y numerosos pueden estar relacionados con ciertas alteraciones neurológicas. Si es así debes comentarlo con el pediatra para que él valore la situación.

NO LE RIDICULICES

Los niños se sienten realmente inseguros y necesitados de cariño y comprensión. Si tu hijo se muestra temeroso ante una situación determinada nunca le ridiculices ni le llames cobarde o infantil. Esto no le ayudará en absoluto.

NO LE OBLIGUES A AFRONTAR SU MIEDO EN SOLITARIO

Muchas veces encontramos adultos que pretenden ayudar a superar los temores de los niños obligándoles a enfrentarse a sus miedos en solitario.

Éste es otro tremendo error. Nunca obligues a tu hijo a entrar a oscuras en su dormitorio si no quiere hacerlo. Provocarás un aumento de su ansiedad y contribuirás a alargar ese miedo e incluso a perpetuarlo. Además el sentimiento de no ser capaz de afrontar la situación no le dejará sentirse orgulloso de sí mismo.

Tampoco le des demasiada importancia. Si cada vez que veis un perro te interpones entre tu hijo y el animal e insistes en que tú le defenderás, el niño acabará pensando que todos los perros son realmente peligrosos y no podrá superar su miedo.

NO LO IGNORES

Si por el contrario ignoras por completo sus temores se sentirá perdido y solo. No encontrará la forma de enfrentarse con el problema y percibirá por tu parte desinterés y falta de cariño.

Haciendo balance

Ahora es el momento de detenerse y hacer un balance de la educación que están recibiendo.

Si todo ha ido bien, aquel bebé pequeño y dependiente se ha convertido en un niño alegre, participativo, colaborador, amable e independiente.

Será una persona activa e ingeniosa, que se va a interesar por todas las cosas. Sus preguntas se multiplican y reflejan una mente curiosa y crítica.

Es hora también de valorar si se está desarrollando de forma adecuada. Para ello en este capítulo se presentan tablas de desarrollo y gran cantidad de consejos para poder seguir la línea correcta en su educación.

CARACTERÍSTICAS DEL DESARROLLO DE UN NIÑO DE CUATRO AÑOS

MOTRICIDAD	• Tienen un gran dominio de sus movimientos. • Son capaces de subir y bajar escaleras a gran velocidad. • Tienen un gran equilibrio. • Pueden aguantar a la pata coja un buen rato. • Pueden caminar con una bandeja con objetos sin que éstos se caigan.
ALIMENTACIÓN	• Comen bastante despacio. • Beben muy deprisa. • Tienen preferencias por lo dulce. • Interrumpen constantemente sus comidas. • Son capaces de comer sin ninguna ayuda.
AFECTIVIDAD	• Les gusta crear problemas y discutir. • Les encantan las muestras de cariño y afecto. • Todavía sienten celos de su hermanos pequeños. • Les encanta reír y alborotar. • Dan muchas muestras de alegría. • Temen a la oscuridad.
LENGUAJE	• Les encanta exagerar y lo hacen en muchas de sus conversaciones. • Les gusta poner apodos a todo el mundo. • Disfrutan con las burlas. • Disfrutan fanfarroneando. • Aprenden a amenazar a través del lenguaje. • Les divierten las palabrotas y las obscenidades.
JUEGOS	• Prefieren jugar con otros niños antes que hacerlo solos. • Les encanta disfrazarse y jugar con amigos imaginarios.

Juegos	• Les encantan los elementos llamativos dentro del juego. • Les gusta ser los mejores en un juego y que los demás reconozcan su éxito. • Les gustan los juegos simbólicos. • Disfrutan representando uno o más papeles; pueden ser tanto la madre como el bebé en un mismo juego.

CARACTERÍSTICAS DEL DESARROLLO DE UN NIÑO DE CINCO AÑOS

Motricidad	• El dominio de los movimientos del cuerpo ha mejorado notablemente. • Los movimientos de las manos son los que más han evolucionado. • Les encanta saltar y trepar. • Bajan las escaleras saltando y alternando de cualquier forma. • Les gusta bailar al compás de la música. • Los movimientos de cabeza y los faciales son perfectos.
Alimentación	• Dominan los cubiertos casi a la perfección. • Tienen predilección por algunos alimentos. • Comen sin ninguna ayuda. • Respetan las normas de la mesa.
Afectividad	• Son mucho más serios y reposados. • Les gusta seguir las indicaciones que les dan los adultos. • Se muestran muy orgullosos de los suyos, sobre todo de la madre y de los hermanos más pequeños. • Se muestran locuaces y con desparpajo. • Insultan pero sin malicia. Les gusta participar en actividades de grupo.

LENGUAJE	• Les gusta informarse acerca de las cosas. • Les gusta establecer contactos afectivos con los demás. • Les gusta experimentar y ejercitarse con el lenguaje. • Se preguntan constantemente por las aplicaciones y las funciones de las cosas. • A veces utilizan el lenguaje para llamar la atención.
JUEGOS	• Les gusta embarcarse en proyectos. • La amistad se va consolidando a través de los juegos. Les encanta cortar y pegar. • Como de los más reposados. • Les gusta conocer cosas nuevas a través de los juegos. • Les encanta salir de excursión y que se organicen juegos colectivos.

CARACTERÍSTICAS DEL DESARROLLO DE UN NIÑO DE SEIS AÑOS

MOTRICIDAD	• Necesitan ensanchar sus límites y fronteras. • Buscan nuevos ámbitos por los que moverse con mayor libertad. • Necesitan espacios más amplios y también más interesantes.
HÁBITOS	• Tienen buen apetito pero tienden a comer entre comidas. • Son capaces de vestirse solos. • Duermen bastante bien, aunque a veces se despiertan con pesadillas. • Todavía hay que recordarles que tienen que lavarse.

Afectividad	• Sienten un profundo amor por sus padres. • Los besos ya no les gustan tanto como antes, al menos delante de extraños. • No les gusta demostrar su cariño. • Valoran cada vez más la amistad.
Conducta	• Parecen retroceder en su capacidad de adaptación, pero no es algo permanente. • Las niñas parecen ser más flexibles. • Todos se muestran algo descarados sobre todo con las personas cercanas.
Sexualidad	• Empiezan a interesarse enormemente por este tema y empiezan a formular a los padres preguntas de todo tipo. • Se muestran confusos con el tema.
Juegos y actividades	• Los juegos se van haciendo cada vez más variados y complejos. • Les gusta coleccionar objetos. • Les gusta cada vez más pintar y dibujar. • Les gustan los cómics y tebeos. • Cada vez les cuesta más trabajo ir a la escuela, pues prefieren disfrutar jugando.

REGLAS BÁSICAS EN LA EDUCACIÓN Y EL CUIDADO DE NUESTROS HIJOS: LO QUE SE DEBE Y NO SE DEBE HACER

- Si tienes varios hijos, no los trates a todos por igual. Cada uno requiere un trato específico adaptado únicamente a su personalidad.

- Los abrazos y las muestras de cariño son tan importantes para los niños como los alimentos.

- No te rías nunca de un comportamiento de tu hijo cuando no tiene intenciones cómicas delante de él, pues puedes dañar su autoestima.

- Hazle saber lo mucho que confías en él, en que puede hacer las cosas bien, para que crezca con confianza en sí mismo.

- No corras a coger a tu hijo en brazos siempre que llore, para que no aprenda que siempre que llore lo vas a coger.

- Alaba siempre las acciones de tu hijo, por muy insignificantes que puedan parecer. Eso le ayudará a formarse una imagen positiva de sí mismo.

- Recuérdale lo mucho que lo quieres de vez en cuando. No dejes de decírselo.

- Déjale muy claro que tu amor por él no tiene límites y que lo apoyarás en todo lo que necesite, pero déjale también claro que tu paciencia sí que tiene un límite y que hay conductas para ti intolerables.

- Enseña a tu hijo a compartir sus juguetes a través de los turnos: «primero tú y luego le toca a tu amigo».

- No amenaces nunca a tu hijo con nada que no estéis dispuestos a hacer. Cumple tus amenazas.

- Asume la misma responsabilidad que tu pareja. Los hombres pueden cuidar de un niño perfectamente.

- Dialoga sobre las tareas y las responsabilidades que habrá de llevar a cabo cada uno. Comparte todos los trabajos, haz turnos.

- Nunca hagas comparaciones con otros niños, pues para ellos no son relevantes y lo único que puedes conseguir haciéndolo es causarles daño.

- Muestra mucho interés por sus cosas y sus actos.

- Hazle preguntas y comenta con él cada cosa interesante o diferente que surja.

- En las peleas entre hermanos solamente se debe intervenir si hay agresión corporal. Si no, hay que dejar que lo solucionen solos.

- Ten un cuidado enorme con el agua, el fuego, los cuchillos, las ventanas, los medicamentos, las carreteras, etc.

- Nunca cierres los ojos ante un comportamiento violento o agresivo de tu hijo. No cedas ante su mala conducta.

- Nunca critiques a tu hijo delante de otras personas ajenas a la familia. Nunca te rías de él ante los demás.

- Nunca le cuelgues una etiqueta si degrada sus capacidades.

- Cuando se comporte mal y trate de llamar la atención de los demás, simplemente hay que dejar de hacerle caso, levantarse e irse si es posible, y todo ello sin hacer un drama.

- Cuando provoque y trate de irritar a los demás hay que intentar no explotar, no permitir que consiga su fin.

- Deja que tenga su propio espacio, y deja también que tenga sus propios secretos.

- No presumas nunca de lo bravucón que es delante de él.

- No dejes que gane en sus peleas intimidando a otros niños o haciéndose la víctima.

- Enséñale a conseguir las cosas por los medios adecuados.

- Demuéstrale que sabes ser ecuánime.

- No le pidas a tu hijo nunca más de lo que puede lograr, pues le puedes causar algo de ansiedad.

- Elogia siempre sus esfuerzos. Potenciarás así una imagen más positiva de sí mismo.

- Cuando esté peleando con otros niños, no trates de llegar al fondo de todas sus faltas y errores.

- Respeta sus sentimientos, nunca le hagas ver que te parece absurdo algo que él sienta.

- Ayúdale a empezar a estructurar el tiempo. Cuéntale qué va a pasar cada día.

- Trata de ser siempre coherente. La falta de coherencia también les produce ansiedad.

- Guarda siempre los medicamentos en un lugar seguro.

- Mantén fuera de su alcance todos los productos de limpieza y todas las sustancias corrosivas.

- Vigila que no haya nada tirado en el suelo que pueda hacerle resbalar.

- Usa los fogones interiores de la cocina o procura que los mangos de los cacharros no sobresalgan.

- Desenchufa los aparatos que no se están usando.

- No dejes nunca una cafetera o una tetera caliente al alcance de un niño.

- No le prives de la relación con sus abuelos y otros familiares. También es importante para él.

- En las decisiones que afectan directamente a su educación, es importante que exista un diálogo entre ambos padres.

- Trata de que reciba el mayor número de estímulos en diferentes espacios y lugares. Viajar con él siempre será una experiencia maravillosa.

- Dedica cada día un espacio de tiempo a tu hijo, a sus necesidades de juego y entretenimiento.

- Lee cada noche un cuento a tu hijo, desde muy pequeño. Estarás fomentando el hábito por la lectura.

- No le des todo lo que te pida, pues lo convertirás en un niño caprichoso y mimado. Tiene que aprender desde muy pequeño que no se puede tener todo.

- No te sientas culpable cuando no puedas estar con él y trata de que los momentos en los que estéis juntos sean lo más intensos posible.

- Disfruta de tu hijo y con tu hijo todo lo que puedas. Intenta que su niñez sea lo más feliz posible.

¿COMPARTIMOS LAS TAREAS EQUITATIVAMENTE?

REALIZACIÓN DEL TEST

Marque con una «x» la casilla madre, cuando esa tarea en concreto sea realizada en la mayoría de las ocasiones por la madre, y marque con una «x» la casilla padre, cuando esa actividad sea realizada normalmente por el padre.

Este test va a ser muy útil para organizar las tareas de forma más equitativa, en caso de que aún no lo estén. Siempre que sea posible debe realizarse conjuntamente por ambos progenitores.

1. Leerle un cuento por la noche.
   - ❑ Madre
   - ❑ Padre

2. Paseo diario.
   - ❑ Madre
   - ❑ Padre

3. Baño.
   - ❑ Madre
   - ❑ Padre

4. Vestirlo.
   - ❑ Madre
   - ❑ Padre

5. Darle la comida.
   - ❑ Madre
   - ❑ Padre

6. Organizar la seguridad para el niño.
   - ❑ Madre
   - ❑ Padre

7. Levantarse de noche si llora o está enfermo.

❑ Madre

❑ Padre

8. Lavar su ropa.

❑ Madre

❑ Padre

9. Comprar su ropa.

❑ Madre

❑ Padre

10. Jugar un rato con él cada día.

❑ Madre

❑ Padre

11. Comprar las cosas para el cole.

❑ Madre

❑ Padre

12. Cambiar las sábanas de la cama.

❑ Madre

❑ Padre

13. Acostarlo.

❑ Madre

❑ Padre

14. Ordenar sus juguetes.

❑ Madre

❑ Padre

15. Llevar al día el calendario de vacunas.

❑ Madre

❑ Padre

16. Llevarlo al médico.
- ❑ Madre
- ❑ Padre

17. Ordenar las habitaciones de la casa.
- ❑ Madre
- ❑ Padre

18. Planchar la ropa.
- ❑ Madre
- ❑ Padre

19. Cambiar las bombillas fundidas.
- ❑ Madre
- ❑ Padre

20. Organizar y comprobar las facturas.
- ❑ Madre
- ❑ Padre

21. Hacer la compra general.
- ❑ Madre
- ❑ Padre

22. Hacer la comida.
- ❑ Madre
- ❑ Padre

23. Organizar cenas con invitados.
- ❑ Madre
- ❑ Padre

24. Hacer la colada.
- ❑ Madre
- ❑ Padre

25. LAVAR EL COCHE.

- ❑ Madre
- ❑ Padre

26. REGAR LAS PLANTAS.

- ❑ Madre
- ❑ Padre

27. FREGAR LOS PLATOS.

- ❑ Madre
- ❑ Padre

28. ASISTIR A LAS REUNIONES DE COMUNIDAD.

- ❑ Madre
- ❑ Padre

29. PLANEAR EL TIEMPO LIBRE.

- ❑ Madre
- ❑ Padre

30. ARREGLAR AQUELLO QUE SE ESTROPEA.

- ❑ Madre
- ❑ Padre

Valoración

La valoración de este test es bien sencilla: sumaremos las cruces marcadas en la columna de la madre por un lado; después sumaremos las cruces marcadas en la columna padre.

Si el resultado es el mismo o muy similar, las tareas están repartidas equitativamente, pero si el resultado es muy desigual, es el momento de empezar a dialogar y a reorganizar la vida familiar.

¿SOMOS BUENOS PADRES?

REALIZACIÓN DEL TEST

Para realizar este test, anotaremos en las casillas que hay junto a cada pregunta «sí» en caso de que la respuesta sea afirmativa y «no» en caso de que la respuesta sea negativa. Una vez contestadas todas las preguntas sumaremos las respuestas positivas por un lado, y las negativas por otro.

1. ¿TE SUPONE EN OCASIONES TU HIJO UNA CARGA?
   - ❑ Sí
   - ❑ No

2. ¿TE MOLESTA MANTENER HORARIOS FIJOS Y RUTINAS PARA DETERMINADAS COSAS?
   - ❑ Sí
   - ❑ No

3. ¿CREES QUE TU HIJO TE IMPIDE HACER MILES DE COSAS QUE TE GUSTARÍA REALIZAR?
   - ❑ Sí
   - ❑ No

4. ¿TE MOLESTA EXCESIVAMENTE CUANDO LOS DEMÁS COMETEN LOS MISMOS ERRORES EN REITERADAS OCASIONES?
   - ❑ Sí
   - ❑ No

5. ¿PIENSAS EN LA FRAGILIDAD QUE POSEEN LOS NIÑOS A MENUDO?
   - ❑ Sí
   - ❑ No

6. ¿TE MOLESTA MUCHO QUE SE PRODUZCAN CAMBIOS EN LOS PLANES QUE TE HABÍAS HECHO, POR EJEMPLO, PARA EL PRÓXIMO FIN DE SEMANA?
   - ❑ Sí
   - ❑ No

7. ¿Te consideras una persona estricta y que suele actuar «con mano dura»?

❑ Sí

❑ No

8. ¿Cuándo te pones nervioso, normalmente acabas gritando a los que están a tu alrededor?

❑ Sí

❑ No

9. ¿Te molesta en exceso el ruido que producen un grupo de niños jugando o peleando?

❑ Sí

❑ No

10. ¿Te molesta pasar inadvertido cuando son los niños los que asumen todo el protagonismo en una reunión familiar o con los amigos?

❑ Sí

❑ No

11. ¿Dejas la educación de los niños en manos de los profesores?

❑ Sí

❑ No

12. ¿Te molesta mucho cuando los demás no te dan la razón?

❑ Sí

❑ No

13. ¿Te molesta perder el tiempo con los niños en lugar de estar realizando otras actividades que te resultan más interesantes?

❑ Sí

❑ No

14. ¿Te interesan algunos aspectos de la psicología infantil?

❑ Sí

❑ No

15. ¿Te irrita que alguien pueda interrumpir tu sueño en mitad de la noche?

❑ Sí

❑ No

16. ¿Te conmueves o sientes ternura cuando ves un niño enfermo?

❑ Sí

❑ No

17. ¿Consideras que tienes las cualidades necesarias para cautivar la atención de los más pequeños?

❑ Sí

❑ No

18. ¿Eres capaz de divertirte realizando alguna actividad que a priori pueda parecer que es más bien un juego de niños?

❑ Sí

❑ No

19. ¿Eres capaz de cambiar tu forma de hablar cuando conversas con un niño, para que éste te entienda mejor?

❑ Sí

❑ No

20. ¿Te gusta estar informado y te preocupan los temas de salud o para eso ya están los médicos?

❑ Sí

❑ No

21. ¿La educación de los niños debe compartirse con la pareja al 50%?

❑ Sí

❑ No

22. Normalmente, ¿pospones tu trabajo para jugar con tu hijo?

❑ Sí

❑ No

23. ¿Te parece interesante llevar a los niños de viaje?

❏ Sí

❏ No

24. Cuando se proponen actividades en grupo ¿te apetece participar?

❏ Sí

❏ No

25. ¿Te gusta cuidar de tu hijo?

❏ Sí

❏ No

26. ¿Comentas a menudo con tu pareja temas sobre la educación o la evolución de vuestro hijo?

❏ Sí

❏ No

27. ¿Te interesa realmente la opinión que un niño tiene de los temas o te parece que hasta que no crezcan éstos no deberían dar su opinión?

❏ Sí

❏ No

28. ¿Te gusta proteger a aquellos que están a tu alrededor?

❏ Sí

❏ No

29. ¿Te consideras una persona paciente y capaz de explicar con calma alguna cuestión a alguien que parece no entender nada de lo que le dices?

❏ Sí

❏ No

30. ¿Eres de esas personas a las que les gusta más dar a los demás que recibir de ellos?

❏ Sí

❏ No

• *Más de ocho respuestas positivas en las preguntas de la 1 a 13.* Si has obtenido un número de respuestas positivas mayor que 8 en las preguntas que van de la 1 a la 13, tal vez aún te haga falta cierto entrenamiento, aunque, por supuesto, no debes desanimarte, sino todo lo contrario. Es necesario que luches con ánimo para no ser inflexible, ya que la inflexibilidad con los niños se traduce en falta de apoyo emocional y falta de seguridad.

• *Más de nueve respuestas positivas en las preguntas de la 14 a la 30.* Si has obtenido un número de respuestas positivas mayor que nueve en las preguntas que van de la 14 a la 30, puedes tener mucha tranquilidad y te puedes considerar un buen padre o una buena madre. Con toda seguridad eres de las personas que cada día se esfuerza por hacerlo bien con sus hijos y proporcionarle siempre las mejores condiciones posibles. Eres paciente y comprensivo, y, por supuesto, sensible a sus necesidades.

• *Más de 13 respuestas positivas en las preguntas de la 14 a la 30.* Si has obtenido un número de respuestas positivas mayor que 13 en las preguntas que van de la 14 a la 30, enhorabuena porque eres como progenitor, un ejemplo a seguir. Dedicas la mayoría de tus esfuerzos y tu atención a tus hijos. Tienes todas las cualidades necesarias para hacer siempre lo correcto en cuanto al trato y seguimiento de los pequeños. Aceptas las cosas tal y como son, y eso va a beneficiar enormemente a los tuyos.

LA SEGURIDAD EN EL HOGAR

Cuando tenemos en casa un bebé que comienza a gatear, es necesario que mantengamos un alto nivel de seguridad, que inspeccionemos toda la casa y eliminemos todos los peligros, pues nuestro pequeño tratará de llegar a todas partes, de explorar cada rincón, de abrir todos los armarios, de meterse todo aquello que encuentre en la boca.

Para ello, tendremos que llevar a cabo unas mínimas normas de seguridad, como guardar bajo llave todos los objetos y productos que puedan tener algún tipo de peligro para ellos: los objetos muy pequeños, los productos de limpieza, los objetos cortantes, mecheros y cerillas, los objetos muy pesados, fuentes de calor, cuerdas y cordones, herramientas y productos químicos, productos tóxicos, etc.

También habremos de proteger cajones, armarios, ventanas, muebles, inodoro, etc. Debemos fijar todas las estanterías y muebles que estén pegadas a la pared y puedan vencerse.

En definitiva, tenemos que tratar de conseguir que nuestro hogar sea un lugar alegre y confortable para ellos, pero a la vez un lugar totalmente seguro y libre de fuentes de accidentes potenciales.

¿ES SEGURO NUESTRO HOGAR?

1. Los enchufes deben estar protegidos con unos protectores especiales:

❑ a) Los tenemos protegidos.
❑ b) Sólo tenemos protegidos los que están a la vista.
❑ c) No teníamos ni idea de que existieran esos protectores.

2. Las estanterías y los muebles que hay en casa están...

❑ a) Bien fijados a las paredes.
❑ b) Las estanterías están fijadas pero los muebles no.
❑ c) No hay nada fijado a las paredes.

3. Cuando el bebé está en su habitación jugando en la alfombra las ventanas están...

❑ a) Bien cerradas.
❑ b) Abiertas si hace mucho calor.
❑ c) Medio cerradas.

4. En la habitación del bebé hay juguetes muy pequeños a su alcance:

❑ a) No.

❑ b) Algunos.

❑ c) Están todos dentro de una caja en el suelo.

5. Las lámparas que hay por la casa están...

❑ a) Lo más alto posible.

❑ b) Sobre los muebles, a la altura de la cintura de un adulto.

❑ c) Por todas partes, incluso en lugares bajos para crear ambiente.

6. Se lavan los muñecos de peluche:

❑ a) En la lavadora y con bastante frecuencia.

❑ b) Los sacudís a menudo para quitarles el polvo.

❑ c) Tiene tantos que sería mucho trabajo lavarlos todos.

7. Los balcones son:

❑ a) Con estrechas barras entre las cuales no podría meterse el pequeño.

❑ b) Con barras anchas pero protegidas con una malla.

❑ c) Con barras anchas y sin protección como impone la comunidad.

8. Todos los juguetes de vuestro hijo son homologados y aptos para su edad:

❑ a) Sí.

❑ b) Seguramente.

❑ c) Nunca nos lo hemos planteado.

9. Cuando estáis cocinando:

❑ a) Siempre colocáis los mangos de sartenes y ollas para que no sobresalgan.

❑ b) A veces se os olvida.

❑ c) No os parece necesario.

10. Si llaman a la puerta mientras estás en la cocina:

- ❑ a) Coges al pequeño en brazos para que no se quede solo en la cocina.
- ❑ b) Vas a abrir y le pides al pequeño que no toque nada.
- ❑ c) Vas a abrir.

11. El calentador de gas:

- ❑ a) Lo revisan todos los años.
- ❑ b) Lo revisan únicamente cuando se estropea.
- ❑ c) Como está en la parte exterior de la cocina no te preocupa.

12. Los cuchillos y objetos cortantes están...

- ❑ a) En cajones de imposible acceso para un niño.
- ❑ b) En un cajón accesible al pequeño.
- ❑ c) En un portacuchillos en la encimera.

13. Cuando terminas de usar un aparato eléctrico:

- ❑ a) Lo desenchufas antes de limpiarlo.
- ❑ b) Lo limpias enchufado pues están preparados para ello.
- ❑ c) Ni te lo has planteado.

14. Cada día cuando terminas de cocinar:

- ❑ a) Apagas el gas.
- ❑ b) Lo apagas por la noche al acostarte.
- ❑ c) No lo apagas.

15. La estufa que tienes en el salón:

- ❑ a) Nunca colocas objetos inflamables cerca de ella.
- ❑ b) A veces se te olvida y no quitas lo que hay alrededor.
- ❑ c) Secas la ropa colocándola encima de ella.

16. Cuando se sirve en la mesa una sopera hirviendo:

- ❑ a) Vigilas constantemente a los niños.
- ❑ b) Procuras no quemarte.
- ❑ c) Intentas que no se manche el mantel por lo pronto.

17. El salón de tu casa es...
- ❑ a) Sobrio.
- ❑ b) Con bastantes objetos decorativos y recuerdos.
- ❑ c) Es como un museo, está lleno de objetos, cristales, etc.

18. Para mantener las habitaciones caldeadas:
- ❑ a) Eliminas las corrientes.
- ❑ b) Regulas la calefacción.
- ❑ c) Pones un calentador.

19. Esterilizas los biberones y mordedores:
- ❑ a) Todos los días.
- ❑ b) A veces.
- ❑ c) Nunca, basta con lavarlos bien.

20. Sueles compobar la caducidad de productos como alimentos y medicamentos:
- ❑ a) Siempre.
- ❑ b) Una vez al año.
- ❑ c) Sólo cuando se hace una limpieza general.

21. Las esquinas de los muebles:
- ❑ a) Están todas protegidas.
- ❑ b) Estamos pensando cómo protegerlas.
- ❑ c) No nos parece necesario protegerlas.

22. Los medicamentos están...
- ❑ a) Están todos en un mueble muy alto de imposible acceso para el pequeño.
- ❑ b) Están en una caja que normalmente guardamos bajo llave, aunque a veces se nos olvida.
- ❑ c) Están en el salón en una caja que guardamos en los cajones de una mesita baja auxiliar.

23. Las alfombras de casa:

- ❑ a) Tienen antideslizante y se limpian a menudo.
- ❑ b) Se limpian a menudo.
- ❑ c) Se limpian una vez al año.

24. Durante el baño del bebé:

- ❑ a) No lo pierdes de vista ni un segundo.
- ❑ b) Como está sentado en un anillo especial para la bañera, puedes dejarle solo mientras traes una toalla u otra cosa.
- ❑ c) Te fías plenamente del anillo protector y lo dejas solo todo el tiempo.

25. Desinfectas el suelo:

- ❑ a) Diariamente.
- ❑ b) Más de una vez a la semana.
- ❑ c) Cuando está demasiado sucio.

26. Los productos de limpieza:

- ❑ a) Están bajo llave.
- ❑ b) Están en un armario de difícil acceso.
- ❑ c) Están a su alcance.

27. Los cajones de la cocina:

- ❑ a) Están todos protegidos.
- ❑ b) El que contiene cuchillos está protegido.
- ❑ c) Se pueden abrir.

28. Cuando metes al bebé en la bañera:

- ❑ a) Siempre compruebas la temperatura del agua antes.
- ❑ b) Vas con tanta prisa que lo metes sin comprobar la temperatura del agua.
- ❑ c) Como ya tienes regulada la temperatura no es necesario comprobarla todos los días.

29. Alguna vez os dejáis aparatos eléctricos cerca del lavabo o la bañera:

- ❑ a) Nunca.
- ❑ b) Alguna vez.
- ❑ c) Con bastante frecuencia.

Valoración

• *Si has obtenido una mayoría de respuestas A.* Podemos decir que tu casa es totalmente segura. Gracias a tus prevenciones se evitarán desagradables accidentes. Has tomado las medidas de cautela adecuadas.

• *Si has obtenido mayoría de respuestas B.* Tu casa todavía tiene algún peligro. Es necesario que revises este test y reflexiones sobre los peligros que pueda haber en el interior de tu casa.

• *Si has obtenido mayoría de respuestas C.* Tu casa es peligrosa para un bebé. Ya sea por distracción o por pereza, no estás proporcionando a tu hijo la seguridad que necesita.

CONDUCTAS QUE DENOTAN LA EXISTENCIA DE ALGÚN PROBLEMA EN NIÑOS DE ESTAS EDADES

- Cambios repentinos y bruscos en el carácter.
- Actividad constante, sin descanso y extrema en muchos casos.
- Crueldad con los animales.
- Ausencia total de interés por la mayoría de los juegos.
- Ausencia a los seis años de visión de peligro o de riesgo.
- Rabietas que resultan incontrolables y con una duración de más de 15 minutos.
- Total desobediencia a todos los cuidadores.
- Inexistencia de apego hacia los padres y demás familiares.
- Crueldad con los otros niños.

- Ausencia de conversación con los padres y demás miembros de la familia.
- Conducta agresiva del niño sin que haya ningún motivo o causa aparente.
- Retraimiento excesivo.

CONDUCTAS QUE DENOTAN LA EXISTENCIA DE ALGÚN PROBLEMA EN LA ESCUELA

- Interrupciones continuas del ritmo y la marcha de las clases en el colegio.
- Miedo y angustia por asistir a clases.
- Reiteradas fugas.
- Vómitos matinales sin justificación alguna.
- Continuas quejas de los profesores.
- Faltas reiteradas a clase con conocimiento de los padres.
- Faltas reiteradas a clase sin conocimiento de los padres.
- Aburrimiento total y permanente.
- Falta total de concentración, de interés y de atención.
- Muy malas notas en todas las evaluaciones.

CONDUCTAS DE ALARMA CON LOS OTROS NIÑOS

- No compartir nunca los juguetes con los demás.
- No respetar nunca las reglas de los juegos.
- Ser rechazado siempre por los demás.
- Rechazar siempre a los demás.
- Burlas continuas hacia los demás niños.
- Burlas continuas provenientes de los demás niños.
- Agresiones reiteradas hacia los demás niños.
- Agresiones reiteradas provenientes de los demás niños.
- Total sumisión ante todos.
- Imposibilidad para hacer amigos.

- Imposibilidad manifiesta de relacionarse con otros niños del sexo contrario.
- Frecuentes quejas de los padres de otros niños.
- Ausencia total de amigos.
- Frecuentes peleas de cierta importancia.
- Pertenencia a los grupos más agresivos.
- Total desatención y falta de interés por los demás.

COMPORTAMIENTO Y CONDUCTAS INADECUADAS POR PARTE DE LOS PADRES

- Mostrar siempre cierta hostilidad.
- Críticas diarias.
- Falta total de coherencia en la educación.
- Disciplina excesivamente dura.
- Disciplina excesivamente blanda.
- Crear en el niño continuamente, por parte de los padres, falsas expectativas.
- Excesiva frialdad en el trato.
- Excesivo afecto, que puede crear demasiada dependencia entre padres e hijos.
- Falta de interés por todas las cosas del chico.
- Frecuentes discusiones fuera de tono.
- Agresiones.
- Excesiva rigidez en el trato y en las normas.
- Incompetencia para los cuidados.

CARACTERÍSTICAS FAMILIARES QUE CONTRIBUYEN A LAS CONDUCTAS INADECUADAS POR PARTE DE LOS NIÑOS

- Nivel cultural muy bajo.
- Nivel económico muy bajo.

- Frecuentes castigos.
- Frecuentes discusiones matrimoniales.
- Gran número de hermanos.
- Hogar monoparental.
- Problemas psicopatológicos en las figuras paternas.
- Carencia de asistencia social.

CONDUCTAS PROBLEMÁTICAS POR PARTE DE LOS CUIDADORES

- Excesivo egoísmo.
- Excesiva rigidez.
- Irresponsabilidad.
- Frecuentes críticas no constructivas a los niños.
- Falta de autoestima.
- Agresividad.
- Permisividad total.

CARACTERÍSTICAS FAMILIARES QUE CONTRIBUYEN A LAS CONDUCTAS ADECUADAS POR PARTE DE LOS NIÑOS

- Buen nivel cultural.
- Nivel de conocimientos e información sobre el desarrollo infantil.
- Existencia de reglas claras y ajustadas.
- Relaciones afectivas cálidas.
- Flexibilidad para la aplicación de las normas.
- Expectativas ajustadas a la edad y capacidad del niño.
- Comunicación fluida.
- Promoción del autocontrol.
- Atención a los cambios que se van produciendo por la edad.

CARACTERÍSTICAS QUE DENOTAN NORMALIDAD EN LA CONDUCTA INFANTIL

- Ir alcanzando los distintos niveles en el desarrollo motor.
- Adquisición del lenguaje hablado y del lenguaje escrito.
- Sometimiento y aceptación de las normas de educación y convivencia impuestas.
- Interacción y juego con niños de su misma edad y control de las emociones adecuado a su edad.

¿CÓMO TRATAR EL TEMA DEL DIVORCIO?

De sobra es sabido por todos, que un divorcio afecta enormemente a los hijos del matrimonio que se rompe. Los padres, además de superar el tema lo mejor posible, han de ayudar a sus hijos a enfrentarse a la situación. En líneas generales, las pautas de actuación para abordar el divorcio con los hijos, pueden ser las siguientes:

- En primer lugar, lo mejor es decírselo a todos los hijos a la vez, nada de a los mayores primero, para que ellos ayuden a decírselo a los más pequeños.
- En segundo lugar, tenemos que hacerles ver que ellos no son ni mucho menos la causa de la ruptura.
- También es importante hacerles saber que nada de lo que ellos digan podrá hacer que cambie la decisión de los padres.
- Explicarles con todo detalle y tranquilidad, para que lo entiendan perfectamente, los regímenes de visita.
- Hacerles comprender y sentir que ambos padres siguen queriéndolos como siempre, a pesar de no vivir todos juntos.
- Debemos animarlos también a que expresen sus sentimientos al respecto, tanto con sus padres como con otras personas.
- No debemos poner a los hijos por medio en nuestras disputas.

- Tenemos que intentar que su vida después del divorcio sea lo más parecida posible a su vida anterior.
- Tenemos que dejar en sus manos la opción de la asistencia y el asesoramiento por si fuera necesaria.

ALGUNAS IDEAS IMPORTANTES ACERCA DE LOS NIÑOS

El sentimiento que el niño tiene sobre sí mismo, va a afectar a todo lo que haga a lo largo de toda su vida.

Todos los niños necesitan pensar que tienen algo importante que ofrecernos a las personas que les rodeamos.

No debemos confundir la alta autoestima con la altanería.

Los niños se ven a sí mismos tal y como los ven las personas que les rodean. Si nosotros pensamos mal de ellos, ellos también lo harán.

Una autoestima elevada nace de las experiencias positivas que la vida y las personas ofrecen.

La creencia en sí mismo asegura mejores resultados en sus relaciones con los demás, por lo que hay más probabilidades de que llegue a ser feliz.

Cuando un niño se considera torpe, espera fracasar, y en consecuencia fracasa. Si le ayudamos a lograr confianza en sí mismo, esperará triunfar y, en consecuencia, triunfará.

La visión que el niño tiene de sí mismo, se puede ver sometida a muchos cambios a lo largo de la vida.

La baja autoestima es el resultado de la acción de muchos factores negativos.

Si un niño tiene actitudes negativas hacia sí mismo, le podemos ayudar ofreciéndole un clima de aceptación y mostrandole nuestra confianza en él.

Si el niño sabe que no está cumpliendo con lo que se espera de él, acaba perdiendo el respeto por sí mismo.

Tenemos que revisar nuestras espectativas, ya que a veces están fuera de lugar.

Cuanto más satisfechos estemos nosotros mismos como personas, menos presión ejerceremos sobre nuestros hijos.

Los niños necesitan verdadera atención por nuestra parte para sentirse realmente amados.

El afecto físico, los regalos y la sobreprotección no es lo que el niño necesita para sentirse querido por sus padres.

La confianza es probablemente el ingrediente más importante para la salud psicológica.

Para que nuestros hijos puedan confiar en nosotros tenemos que ser coherentes y ofrecerles lo que les pedimos.

Tenemos que tratar los sentimientos de nuestros hijos como nos gustaría que los demás traten los nuestros.

Debemos ofrecerles muchas experiencias, pero siempre tenemos que respetar su reacción ante las mismas, tal vez no reaccionen como esperábamos.

Una educación para prevenir el consumo de drogas

¿QUÉ SON LAS DROGAS?

El término «drogradicción» se utiliza para describir un patrón de uso de sustancias que conduce a problemas o preocupaciones graves como faltar a la escuela, usar drogas en situaciones peligrosas, problemas legales relacionados con las drogas o el uso continuo de una sustancia que interfiere con las relaciones familiares o con los amigos.

La drogadicción, como trastorno, se refiere al abuso de sustancias ilegales o al uso excesivo de sustancias legales.

El alcohol o el tabaco son las sustancias legales de las que se abusa más frecuentemente.

Las drogodependencias se han convertido en uno de los problemas que más preocupan a la sociedad, seguramente debido a que cada día constatamos que no se trata de un problema aislado, más bien relacionado sólo con zonas marginales y ambientes de pobreza, sino que puede afectar a toda la comunidad y en especial, de forma más dramática, a una población de riesgo respecto a su consumo: niños y jóvenes en edad escolar.

Llegamos pues a una pregunta trascendental: ¿Qué es una droga? Para responderla vamos a tomar algunas definiciones reconocidas como válidas del término droga:

• Una sustancia capaz de proporcionar placer actuando sobre el nivel o la claridad de la conciencia (Aizpiri, 1986).

• Toda sustancia farmacológica activa que produce en un organismo vivo un estado de dependencia física, psíquica o de ambos tipos (OMS, 1969).

• Toda sustancia que, introducida en el organismo vivo, y disuelta en la sangre, puede modificar una o más funciones de éste (Centro de Prevención de las Drogodependencias, 1994).

• Toda sustancia que produce sobre el individuo modificaciones de su estado psíquico y susceptible de causar dependencia si se insiste repetidamente en su consumo (Calafat, 1985).

De todas las definiciones anteriores podemos extraer dos características básicas que definen una droga:

• Son capaces de crear dependencia en aquella persona que las consuma.

• Son además capaces de modificar funciones del organismo.

Evidentemente el tabaco y el alcohol, que son sustancias de consumo legal (pero en absoluto inocuas), satisfacen estas dos características, así como todas las definiciones anteriores, por lo que deberíamos de considerarlas como drogas. Esta sería una primera etapa de sensibilización, ser conscientes de que el alcohol y el tabaco son drogas. Eso sí, de consumo legal y normal en el funcionamiento diario de nuestra sociedad.

A pesar de que los organismos públicos realizan repetidas campañas de prevención contra el tabaco, muchos niños encienden su primer cigarrillo a edades como los ocho o nueve años. Su primer contacto con el tabaco, por término medio, sucede a los trece años y medio.

Pero, por ejemplo, en un trabajo de investigación realizado en Zaragoza se llegaba a la conclusión de que el 23 por ciento de los menores entre los nueve y los diecisiete años eran fumadores, según un reciente estudio de la Asociación para la Prevención del Tabaquismo en Aragón (APTA).

¿POR QUÉ SE TOMA ALCOHOL U OTRAS DROGAS?

Tratando de buscar la felicidad en algo exterior, buscando llenar el vacío que a veces sienten las personas, se accede a veces al mundo de la droga. Este es sin duda un camino equivocado, desde luego, ya que la droga en cualquiera de sus formas no soluciona problemas, más bien, los incrementa.

La droga hace daño a quien la consume, pero también a los que rodean a éste, al cónyuge, los hijos y la familia. Si a un niño no se le da de comer, va a llorar y gritar; si no se le da afecto, amor en todas sus formas, va a crecer con una tremenda frustración y en algunos casos su forma de llorar o gritar va a ser introducirse en el mundo de la droga.

LA PREVENCIÓN

Entendemos por prevención de las drogodependencias al conjunto de medidas orientadas a evitar el uso o abuso de drogas, así como a disminuir o retrasar su consumo. En el tema de salud es siempre más rentable la prevención que el tratamiento, tanto en costes económicos como personales. La prevención en este tema ha de ser de forma continuada, con la ayuda de información ocasional, pero no reducida sólo a eso.

El centro educativo es un marco idóneo para la prevención por varias razones:

- Toda la población pasa por él.
- Dispone de medios técnicos y humanos.
- Su fin es la educación del individuo.

Teniendo en cuenta esta idea de prevención ya comentada, es cada vez más generalizada la proposición de un plan de acción tutorial como una vía adecuada de acercamiento continuo al alumno.

Así es posible desarrollar una serie de actividades en sesiones donde se trabajarán distintas ejercicios tanto de análisis de la situación, como de reflexión y modificación de hábitos si fuese necesario.

ALGUNAS MEDIDAS QUE SE PUEDEN TOMAR

- Ve la televisión con tus hijos y pregúntales sobre lo que ven.
- Escucha lo que dicen.
- Mírales a los ojos cuando les hables.
- Acompáñale a sus actividades, por ejemplo, a los deportes, partidos, obras de teatro...
- Juega con ellos.
- Habla con ellos.
- Conoce a sus amigos.
- Entérate dónde van cuando salen.
- Pon normas claras de comportamiento.
- Anímalos siempre mucho en todo aquello que emprendan.
- Desarrolla formas creativas y significativas para participar en sus vidas.

- Pídeles su opinión.
- Enséñales que importan.
- Cuando hagan algo bien, celebrémoslo.
- Habla con ellos sobre los peligros del uso y el abuso de las sustancias ilegales.

FACTORES DE RIESGO

Nos interesa también como padres conocer los factores de riesgo por el consumo de drogas en adolescentes:

- *Personales:* el limitado desarrollo de habilidades sociales y ausencia de planes de vida, baja tolerancia a la frustración, inseguridad, búsqueda de nuevas sensaciones, falta de oportunidades.

- *Familiares:* familias disfuncionales, falta de comunicación y estilos inadecuados de comunicación, violencia familiar.

- *Sociales:* presión social, cultura de consumo promovida por los medios publicitarios particularmente con el alcohol y tabaco, inadecuado manejo del tiempo libre, falta de espacios de esparcimiento orientados a las características de la población, presión de grupo, inadecuados modelos de conducta.

¿CÓMO PODEMOS INFLUIR EN LA ACTITUD DE NUESTROS HIJOS?

Los padres somos la influencia más importante en la vida diaria de nuestros hijos. Partiendo de esta premisa, podemos tratar de educarlos para que tomen las decisiones lo más sanas posibles a lo largo de su vida.

La actual campaña antidroga del Ministerio del Interior apunta hacia que esta educación debe de empezar desde edades muy tempranas, y que a esta tarea deben de contribuir todas aquellas personas que entran a lo largo de los años en contacto con nuestros hijos: familiares, educadores, hermanos, tutores y, por supuesto, nosotros, sus padres.

Para influir en la actitud de nuestros hijos, debemos comenzar desde temprano, tratando de aconsejarles lo mejor posible sobre este delicado tema que afecta a cada vez más familias. Pero la gran pregunta es: ¿A qué edad comienzo a hablar sobre estos temas con mi hijo?

Esta es la pregunta que se formulan una y otra vez los padres. Es cierto que hay una etapa para cada cosa en la vida, pero mientras más temprano comencemos, mejor será.

Quizá nos preocupe su capacidad de entendimiento acerca del tema, pero tenemos que tener en cuenta que incluso los niños en edad preescolar saben lo que son el alcohol y el cigarrillo, ya que probablemente hayan visto adultos bebiendo o fumando.

Se sabe que los niños desarrollan una actitud hacia los cigarrillos, el alcohol y las drogas mucho antes de que se sientan tentados a probarlas. De hecho, los expertos han descubierto que hay ciertas características que surgen antes de los tres años, que indican cuando un niño tiene alto riesgo de uso de drogas o no.

Muchos padres deciden relegar la conversación con sus hijos sobre las drogas hasta que son adolescentes.

Pero nuevas investigaciones han arrojado un dato interesante: las lecciones que enseñes hoy al niño cuando es todavía pequeño, podrá presumiblemente mantenerlo alejado de las drogas en el futuro. Afortunadamente, para tratar temas delicados hay lenguajes adecuados a cada edad. Utilicémoslos.

Para cuando cumplen los tres años, los niños ya están en capacidad de comprender el significado de ciertos conceptos y asociarlos con actitudes «malas» o «buenas», según les digan los adultos.

Entre tres y cinco años es la etapa ideal para comenzar a hablarles acerca de aquellas cosas que podemos hacer para mantener nuestros cuerpos sanos.

Además, conviene que le expliquemos que también existen sustancias dañinas y que es mejor evitar ingerirlas. Se puede comenzar hablándole del cigarrillo, que produce un humo que produce tos y pica en los ojos y nariz, por ejemplo.

A partir de los seis años los niños comprenden que el ambiente puede ser dañado por el uso de productos tóxicos.

De igual manera, entenderán que las drogas pueden dañar sus cuerpos. Además, podemos enseñarle el significado de la adicción a través de un ejemplo que pueda comprender como cuando tiene un vídeo juego nuevo y no puede parar de jugar con él, aunque lo llames a comer, por mencionar algo.

Podemos hacerle saber que las drogas producen un efecto similar en las personas, impidiéndoles realizar sus labores.

También es importante que le hables acerca de los medicamentos. Explícale que son sustancias que producen cambios en la mente y el cuerpo del que las usa y que sólo deben utilizarlas aquellas personas que estén enfermas.

A estas edades nuestros hijos se encuentran en una etapa en la que están profundamente ansiosos por saber y memorizar las reglas que les marquemos nosotros como padres, el centro educativo, etc. Y no les basta con saberlas, sino que además quieren conocer nuestra opinión sobre lo que pensamos que es «bueno» y lo que es «malo».

Aunque ya tienen la edad para entender que fumar es malo para su salud, no están listos para absorber con profundidad los datos más complicados sobre el alcohol, el tabaco u otras drogas.

Sin embargo, sí es el momento de explicarles sobre lo que son el alcohol o el tabaco y sus más inmediatas consecuencias por su consumo. Conviene explicarles que:

- Aunque les haga daño, hay personas que las usan.
- Las drogas interfieren directamente en el funcionamiento de nuestro cuerpo y su consumo puede hacernos enfermar e incluso matarnos.
- Al final de esta etapa no es ninguna tontería explicarles lo que quiere decir la «adicción» y que la droga se puede convertir en un hábito muy malo y difícil de romper.

Hay diversos estudios que hablan de los factores y procesos que pueden influir e incrementar el riesgo del uso de drogas o, que por el contrario, proteger contra éste.

Todos ellos se encuentran en desigual medida dentro de las relaciones familiares, las relaciones entre compañeros y los ambientes escolares.

Los programas de prevención pueden realzar los factores de protección entre los niños pequeños enseñándoles a los padres ciertas estrategias para mejorar la comunicación familiar, la disciplina, y establecer reglas firmes y consistentes.

Las investigaciones también han demostrado que los padres necesitan participar más en la vida de sus hijos, teniendo conversaciones con ellos acerca del uso de las drogas, supervisando sus actividades, conociendo a sus amistades y entendiendo sus problemas e inquietudes personales.

Seguro que algunos padres les asusta tan profundamente el tema de las drogas que piensan que un niño de cinco o seis años no tiene porque conocer todavía nada sobre este tema, ya que no se encuentran en edades peligrosas.

Pero basta con que nos sentemos con nuestros hijos unos instantes a ver la televisión, dar una vuelta por la calle o atender una visita en casa para que entren en contacto con las dos drogas o si preferimos «decisiones poco sanas».

Por todo ello, debemos considerar seriamente la posibilidad de que nuestros hijos puedan comenzar mucho antes de lo que podamos pensar o desear con el consumo de alcohol y tabaco.

Todo comienza con la comunicación. No hace falta ser un experto en «drogadicción». El ser padre significa prevención.

Debemos conversar con ellos sobre el consumo de alcohol y el tabaco y asegurarnos de hacerlo temprano y a menudo.

No se trata de que un niño de seis años se ponga a fumar, hecho realmente poco probable. Se trata de prepararles ya con estas edades para que en etapas inmediatamente posteriores en las que sí pueden ser perfectamente consumidores potenciales del tabaco, el alcohol u otras drogas puedan rechazar su consumo.

De hecho, los programas de prevención deberían ser a largo plazo, a través de los años escolares con intervenciones repetidas para reforzar las metas preventivas originales desarrolladas a partir de los cinco años.

Es una labor que tenemos que comenzar mucho antes de que nuestro hijo alcance edades más receptivas y problemáticas.

Para muchos padres no es fácil mencionar el tema del alcohol o el tabaco. Es verdad. No es un tema cómodo y agradable para hablar con un niño de cinco o seis años.

Así es que si nos sentimos inseguros de cómo proceder para tener una charla productiva, es mejor que dediquemos un tiempo previo a pensar sobre los temas que queremos tratar antes de conversar con nuestro hijo. Del mismo modo, pensemos cómo reaccionaría él y cómo responderíamos nosotros a sus preguntas y sentimientos. Preparemos la charla con antelación.

Elegir un momento de inactividad y de relajación para hablar puede ser lo mejor. Aprovechar un anuncio en la televisión, el servirnos un vaso de vino en una comida o el echarnos un cigarro paseando por la calle.

Tampoco hay que hablar de todos los temas en una sola vez. Es probable que consigamos mejores resultados si tenemos varias charlas cortas, tranquilas y espaciadas en el tiempo.

También conviene tener siempre presente que se trata de una conversación y no de un «sermón». Como siempre con los niños, se trata de razonar y no imponer conductas o formas de pensar «porque lo digo yo». La idea es convencer educando respetando sus sentimientos.

RAZONES QUE LLEVAN A UN CHICO A TOMAR DROGAS

Los niños pueden tomar drogas por muy variadas razones. Por citar algunas:

- Curiosidad.
- Sentirse bien.

- Olvidarse de sus problemas y relajarse.
- Demostrar su independencia
- Problemas familiares.
- Divertirse.
- Hábitos de sus padres.
- Falta de supervisión por parte de los padres.
- Presiones e influencias de otros niños.
- Querer parecerse a los adultos.
- Autoestima.
- Tomar riesgos.
- Deseo de ser aceptado.

No obstante, es el uso de drogas por los propios padres y amigos que entran en relación con el niño lo que constituyen dos de los factores más comunes que van a marcar las decisiones de los niños en relación con el uso de drogas.

Un niño tiene menos probabilidades de consumir alcohol, si en su familia no es habitual beber. O si las personas en su familia no fuman el niño tiene menor posibilidades de contraer el hábito.

El uso del alcohol entre niños y adolescentes ha aumentado durante los últimos años de forma alarmante y su consumo comienza en algunos casos a los nueve o diez años. No debemos esperar a que eso ocurra para tomar medidas.

Aquí la única «medicina» es la prevención, la cual como ya he intentado dejar claro anteriormente, tiene que comenzar años antes.

Y esta prevención debe de ser enfocada en dos ámbitos:

- *En la escuela:* Los programas escolares de prevención normalmente proporcionan educación sobre las drogas y el alcohol, además de la enseñanza de habilidades personales y de comportamiento en la relación de nuestros hijos con lo que les rodea.
- *En la familia:* Los programas de prevención enfocados en la familia consisten en la formación de los padres, la enseñanza de habi-

lidades para las relaciones de familia, la enseñanza de habilidades sociales a los niños y grupos de autoayuda familiar.

Las publicaciones de investigación indican que los componentes de los programas de prevención enfocados en la familia han disminuido el uso del alcohol y las drogas en los niños de más edad, y han mejorado la eficacia de las habilidades de los padres, las cuales influyeron favorablemente en los factores de riesgo de sus hijos.

Pero hago hincapié en un punto ya comentado: lo que nuestros hijos vean que hacemos en casa o en un restaurante, ellos mismos pueden querer hacerlo dentro de muy poco tiempo.

Recordemos que los niños imitan los comportamientos que ven en los adultos con regularidad. Es importante que tengamos una idea clara desde el principio: debemos expresar claramente nuestra posición sobre el tema. Si ésta no está clara, nuestros hijos podrían tener la tentación de probarlas.

No es bueno asumir que nuestros hijos ya saben sobradamente cuál es nuestra opinión acerca del tema. Los niños quieren que les hablen sobre las drogas. Los niños que deciden que no van a usar el alcohol o las drogas, normalmente toman esas decisiones porque están firmemente en contra de estas sustancias. Son convicciones basadas en un sistema de valores. Y a estas edades somos nosotros su principal fuente de valores.

Tratemos de enlazar los mensajes y los hechos para la prevención del uso de drogas con las actividades diarias y, sobre todo, practiquemos lo que tratemos siempre de enseñarles. Ese es el mejor ejemplo.

Los padres somos los que mejor conocemos a nuestros hijos y por lo tanto estamos en la posición de poder buscar alternativas más saludables al consumo de sustancias poco saludables para ellos. Animarles a participar en deportes, a tocar un instrumento musical u otras actividades después de la escuela pueden ayudar a mantenerles activos e interesados, mientras que a la vez están aumentando su autoconfianza y habilidades interpersonales.

Además, el desarrollo de estas actividades también puede ayudarles a acercarse más a nosotros mismos.

ELEMENTOS QUE INCIDEN EN ESTE PROBLEMA

Estudios hechos durante las últimas dos décadas han intentado determinar el origen y la trayectoria del uso de drogas, cuando empieza este problema y cómo progresa. Varios factores han sido identificados que diferencian a los que usan drogas de los que no las usan.

Los factores asociados con un potencial mayor para el consumo de drogas se llaman factores «riesgo», mientras que los asociados con una reducción en la probabilidad del uso de drogas se llaman factores de «protección».

Los factores de riesgo y protección abarcan unas características psicológicas, sociales, familiares y de conducta. Recientes investigaciones han revelado que existen muchos factores de riesgo para el abuso de drogas.

Cada uno representa un reto al desarrollo psicológico y social del individuo, y cada uno tiene un impacto diferente dependiendo de la fase de su desarrollo. Por esta razón, los factores de riesgo más fundamentales son los que afectan el desarrollo temprano de la familia, como por ejemplo:

- Ambiente doméstico caótico, particularmente cuando los padres abusan de alguna sustancia o sufren enfermedades mentales.
- Paternidad ineficaz, especialmente con niños de temperamentos difíciles y desórdenes de conducta.
- Falta de enlaces mutuos y cariño en la crianza.

Otros de los factores de riesgo son las relaciones entre los niños y otros agentes sociales fuera de la familia, especialmente en la escuela, con los compañeros y en la zona donde se vive o barrio. Algunos de estos factores son:

- Afiliación con compañeros desviados o de conducta desviada.
- Fracaso escolar.
- Comportamiento inadecuado de timidez y agresividad en las aulas.

- Dificultad con las relaciones sociales.
- Percepción de aprobación del uso de drogas en el ambiente escolar y social, así como entre sus compañeros.

También han sido identificados ciertos factores de protección. Estos no son siempre opuestos a los factores de riesgo y su impacto varía durante el proceso de desarrollo. Los factores de protección más notables incluyen:

- Fuertes lazos familiares.
- Éxito escolar.
- Estar expuesto a reglas claras de conducta dentro del núcleo familiar y el envolvimiento de los padres en la vida de sus hijos.
- Relaciones estrechas con instituciones prosociales tales como la familia, escuela, etc.
- Adopción de normas convencionales sobre el uso de drogas.

Otros factores, como la disponibilidad de drogas y una excesiva facilidad para adquirirlas y la idea de que el consumo de drogas es generalmente tolerado, influyen en el número de niños y adolescentes que comienzan a usar drogas.

Bibliografía

AZCONA, J. E., *Del lenguaje al pensamiento verbal.* Argentina: El Ateneo.

BECVAR, R. J. *Métodos para la comunicación efectiva.* México: Limusa.

BONNET, M. y G. *La comunicación con el bebé. Cómo comprender el lenguaje de los más pequeños y comunicarse con ellos.* 3.ª ed. España: Gedisa.

BOWER, T. *El mundo perceptivo del niño.* España: Ediciones Morata.

BOWLBY, J. *El vínculo afectivo.* España: Editorial Paidós.

BRAZELTON y CRAMER. *La relación más temprana. Padres, bebés y el drama del apego inicial.* España: Paidós.

CABRERA, M. C. y SÁNCHEZ PALACIOS, C. *La estimulación precoz: un enfoque práctico.* Madrid: Pablo del Río Editor.

CHAMBERLAIN DAVID, B. *Los bebés recuerdan su nacimiento.* México: Lasser Press Mexicana.

DANNA, I. L. *La inteligencia y el neonato.* México: Fondo de Cultura Económica.

DAVIS, Ph. K. *El poder del tacto. El contacto físico en las relaciones humanas.* México: Editorial Paidós.

EINON, D. *Todo sobre su pequeño.* España: Ediciones Medici.

FERRILL, A. L. *El niño antes del nacimiento.* España: Ediciones Paidós.

GARTON, A. F. *Interacción y desarrollo del lenguaje y la cognición.* España: Paidós.

GOLSE y BURSZTEJN. *Pensar, hablar, representar. El emerger del lenguaje.* España: Masson.

GUIRAUD, P. *El lenguaje del cuerpo.* México: Fondo de Cultura Económica.

HABERMAS, J. *Teoría de la acción comunicativa.* Trad. Manuel Jiménez Redondo. España: Cátedra.

HALL, E. T. *El lenguaje silencioso.* México: Alianza Editorial Patria.

HAMLYN, D. W. *Experiencia y desarrollo del entendimiento.* Barcelona: Herder.

JOSSELYN, I. M. *Desarrollo psicosocial del niño.* Buenos Aires: Editorial Psique.

KAYE, K. *La vida mental y social del bebé. Cómo los padres crean personas. Cognición y desarrollo humano.* España: Paidós.

KNAPP, M. L. *La comunicación no verbal. El cuerpo y el entorno.* 3ª ed. España: Paidós.

KREISLER, L., FAIN, M. y SOULÉ, M. *El niño y su cuerpo. Estudios sobre la clínica psicosomática de la infancia.* Buenos Aires: Amorrortu Editores.

KRUSCHE, H. *La rana sobre la mantequilla.* PNL. Fundamentos de la programación neurolingüística. España: Editorial Sirio.

LAPIERRE, A. et al. *El adulto frente al niño de 0 a 3 años.* 6ª ed. España: CIE S. L.

LARTIGUE, T. *Guía para la observación del vínculo materno-infantil durante el primer año de vida.* México: Universidad Iberoamericana.

LARTIGUE, T., y VIVES, J. *Guía para la detección de alteraciones en la formación del vínculo materno-infantil durante el embarazo.* México: Universidad Iberoamericana.

LEBOVICI, S. et al. (compiladores). *La psicopatología del bebé.* México: Siglo XXI ed.

LEON, E., y ZEMELMAN, H. *Subjetividad: umbrales del pensamiento social.* España: Anthropos-UNAM.

LEVIN, E. *La clínica psicomotriz. El lenguaje del cuerpo.* Argentina: Nueva visión.

LEVOYER, F. *Shantalla. Un arte tradicional, el masaje de los niños.* Ediciones du Seuil.

LÉZINE, I. *La primera infancia. Un estudio psicopedagógico sobre las primeras etapas del desarrollo infantil.* España: Gedisa.

LURIA, A.R. *Lenguaje y pensamiento.* México: Ediciones Roca.

MAIER, H. *Tres teorías sobre el desarrollo del niño: Erikson, Piaget y Sears.* 8.ª reimp. Argentina.

MARTELL, M. et al. *Crecimiento y desarrollo en los dos primeros años de vida postnatal.* México: OPS/OMS.

MAUCO, G. *Educación de la sensibilidad en el niño. Ensayo sobre la evolución de la vida afectiva.* España: Aguilar.

MARTIN BARBERO, J. *De los medios a las mediaciones.* México: Editorial Gustavo Gili.

MASLOW, A. *La personalidad creadora.* España: Kairos.

MATTELART, A. et al. *Historia de las teorías de la comunicación.* España: Paidós Comunicación.

NARANJO, C. *Ejercicios y juegos para mi niño (de 0 a 3 años).*

NICKERSON, R. S. et al. *Enseñar a pensar. Aspectos de la aptitud intelectual.* España: Paidós.

PULASKI, M. A. *El desarrollo de la mente infantil según Piaget.* España. Editorial Paidós.

RICHARDS, M. *El bebé y su mundo.* Colombia: Harpers & Row Latinoamericana.

RIVIÈRE, A. *La psicología de Vygotsky.* 3.ª ed. Vol. XXV colección aprendizaje. España: Visor.

SALGADO UGARTE, I, H. *El análisis exploratorio de datos biológicos.* México: Marc Ediciones.

SATIR, V. *En contacto íntimo. Cómo relacionarse con uno mismo y con los demás.* México: Árbol Editorial.

SCOTT, M., y POWERS WILLIAM, G. *La comunicación interpersonal como necesidad.* España: Narcea.

SHINYASHIKI, R. *La caricia esencial. Una psicología del afecto.* Colombia: Editorial Norma.

SPITZ, R.A. *El primer año de vida del niño. Génesis de las primeras relaciones objetales.* España: Aguilar.

STONE L. J. y CHURCH, J. *El feto y el recién nacido.* Argentina: Ediciones Horme.

UPN. *Comunicación.* Antología México: Universidad Pedagógica Nacional, 1992.

VILLIERS, P.A. de, et al. *Primer lenguaje.* España: Ediciones Morata.

VYGOTSKY, L. *Pensamiento y lenguaje.* México: Alfa y Omega.

VYGOTSKY, L. *El desarrollo de los procesos psicológicos superiores.* España: Editorial Grijalbo.

WALLON, A. *La evolución psicológica del niño.* México: Ed. Grijalbo.

WATZLAWICK, P. *Teoría de la comunicación humana. Interacciones, patologías y paradojas.* España: Ed. Herder.

WINNICOTT, D.W. Conozca a su niño. *Psicología de las primeras relaciones entre el niño y su familia.* Argentina: Paidós.

WOLFF LU VERNE. *Curso de enfermería moderna.* México: HARLA.

ZEPEDA, M. *Aprendiendo juntos. Guía de padres para apoyar el desarrollo de sus niños en los primeros seis años.* México: UNICEF-PROCEP.

ZIMMERMANN, D. *Observación y comunicación no verbal en la escuela infantil.* España: Morata.